Werner Lippert

Praxis der Existenzgründung – Marketing mit kleinem Budget

Kunden gewinnen, Kunden binden

BusinessVillage
Update your Knowledge!

Werner Lippert

Praxis der Existenzgründung –
Marketing mit kleinem Budget
Kunden gewinnen, Kunden binden
Göttingen: BusinessVillage, 2006
ISBN-10: 3-938358-19-X
ISBN-13: 978-3-938358-19-1
© BusinessVillage GmbH, Göttingen

Bezugs- und Verlagsanschrift

BusinessVillage GmbH
Reinhäuser Landstraße 22
37083 Göttingen

Telefon: +49 (0)5 51 20 99-1 00
Fax: +49 (0)5 51 20 99-1 05
E-Mail: info@businessvillage.de
Web: www.businessvillage.de

Layout und Satz

Sabine Kempke

Bestellnummern

PDF-eBook Bestellnummer EB-657, 14,80 €
Druckausgabe Bestellnummer PB-657, 21,80 €
ISBN-10: 3-938358-19-X
ISBN-13: 978-3-938358-19-1

BusinessVillage
Update your Knowledge!

Über den Autor..3

Einleitung..5

**1. Marketing als wettbewerbsorientiertes Instrument der
Kundengewinnung**..7

2. Der Produktlebenszyklus bestimmt die Marketingstrategie..............17

3. Von der Marktuntersuchung zum Marketingkonzept..........................21

    Entwicklung des Marketingkonzeptes...22

4. Marktdurchdringung mit Hilfe absatzpolitischer Instrumente............25

    Produktpolitik...25
    Preispolitik...27
    Distributionspolitik...29
    Kommunikationspolitik...30

5. Instrumente der Kundengewinnung...39

    Die Kundengewinnung hat absolute Priorität...39
    Basisfaktoren einer erfolgreichen Marktbearbeitung......................................39
    Wege zum Kunden..43

6. Strategien der Kundenbindung..61

    Persönliche Faktoren spielen bei der Kundenbindung eine entscheidende Rolle..........62
    Kundenorientierte Serviceleistungen..62
    Kundenbindung durch zuverlässige Reklamationsbearbeitung.......................63

7. Zwanzig Tipps für ein erfolgreiches Marketing...................................65

8. So finanzieren Sie Ihr Marketing...69

    Finanzierung von Markterschließungs- und Marktfestigungsmaßnahmen durch
    öffentliche Fördermittel..72
    Weitere wichtige Förderprogramme für Existenzgründer und junge Unternehmen,
    die eine Förderung von Markterschließungsmaßnahmen einschließen..........74

9. Glossar: Marketingbegriffe von A bis Z 79

10. Checkliste: Ihr eigenes Marketingkonzept 89

Weiterführende Informationen 95

Wichtige Internetadressen 95
Literaturhinweise 96

Über den Autor

Werner Lippert ist einer der erfahrensten Experten für Existenzgründungsfragen im deutschsprachigen Raum. Nach seiner Ausbildung zum Industriekaufmann und dem Studium der Betriebswirtschaft an der Fachhochschule mit dem Schwerpunkt Marketing war Diplom-Betriebswirt Werner Lippert zunächst im Vertrieb eines namhaften Computerunternehmens tätig.

Anfang der achtziger Jahre machte sich Werner Lippert mit einem Wirtschaftsverlag selbstständig. Themenschwerpunkte waren alle Bereiche der Existenzgründung. Mit selbst verfassten Publikationen, die im Eigenverlag zu diesem Themenkomplex erschienen sind, ist er einer der Pioniere auf dem Gebiet der Existenzgründungsliteratur. Darüber hinaus publizierte er bei namhaften Verlagen verschiedene Ratgeberbücher zu diesem Thema.

Seit 1990 ist Werner Lippert als Dozent in der Erwachsenenbildung tätig. In dieser Funktion führt er auch Schulungen zu allen relevanten Themen der Existenzgründung durch.

Zusätzlich berät er angehende Existenzgründer in allen allgemeinen und spezifischen Bereichen, die für eine erfolgreiche Unternehmensgründung von Bedeutung sind.

Ein weiterer wichtiger Schwerpunkt seiner Tätigkeit ist die Beratung und das Coaching von Kleinunternehmen in den Schlüsselbereichen Marketing und Vertrieb.

Kontaktdaten des Autors:

Werner Lippert
Stadelheimer Straße 10 A
81549 München
Telefon: +49 (0) 89-6 90 63 74
Telefax: +49 (0) 89-69 98 96 53
E-Mail: w.lippert-info@t-online.de

Einleitung

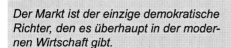

Der Markt ist der einzige demokratische Richter, den es überhaupt in der modernen Wirtschaft gibt.

Ludwig Erhard, deutscher Politiker

„Der Kunde steht im Mittelpunkt aller Überlegungen!" Dieser Grundsatz gilt nicht nur für etablierte Unternehmen, sondern in besonderem Maße auch für neue Existenzen, die ihre Aktivitäten insbesondere auf die Gewinnung von Kunden und den Aufbau eines Kundenstammes konzentrieren müssen, um mittel- und langfristig einen zur Existenzsicherung notwendigen Ertrag erwirtschaften zu können. Das Unternehmen wird sich nur dann weiterentwickeln, wenn eine ausreichende Nachfrage nach Produkten beziehungsweise Dienstleistungen vorhanden ist. Die Bereitstellung von qualitativ anspruchsvollen Produkten und Dienstleistungen ist die eine Seite der Unternehmensleistung, die andere ist die Gewinnung von Kunden in einem konkurrenzorientierten Markt.

Seit den siebziger Jahren hat sich ein grundlegender Wandel im Kräfteverhältnis zwischen Verbraucher und Anbieter vollzogen: Weg vom Verkäufermarkt, hin zum Käufermarkt. Heute stehen nicht Produkte beziehungsweise Dienstleistungen, die den Kunden angeboten werden, im Vordergrund der Marktstrategie, sondern es wird bewusst der Kunde in den Mittelpunkt aller Überlegungen gestellt, um im Markt erfolgreich agieren zu können. Auf Käufermärkten, die

gekennzeichnet sind durch ein extremes Überangebot und in der Regel auch für viele Unternehmen existenzbedrohenden Wettbewerb, muss die gesamte Unternehmenspolitik vorrangig kundenorientiert ausgerichtet sein. Durch die Vergleichbarkeit und Transparenz der Angebote haben die Konsumenten eine enorme Marktmacht, die die Anbieter zu planvollen und ausgeklügelten Marketingstrategien zwingt, um im Markt bestehen zu können. Dabei müssen sämtliche Aspekte des Verbraucherverhaltens, der Konkurrenten sowie Trends und Strömungen in unserer Gesellschaft verstärkt berücksichtigt werden. Die Unternehmen müssen konsequent auf die Erfordernisse des Marktes hin ausgerichtet werden. Auch Kleinunternehmen, insbesondere Existenzgründer, müssen sich ständig und intensiv mit allen Aspekten der Kundengewinnung befassen, um ausreichende Umsätze und damit auch entsprechende Gewinne erzielen zu können. Marktanteile müssen ständig, durch entsprechende Marketingmaßnahmen, errungen, verteidigt und erweitert werden.

Tipp

Marketing kann als unternehmerisches Denken und Handeln beschrieben werden, das konsequent auf den Markt hin ausgerichtet ist und die Kundenbedürfnisse in den Mittelpunkt der Absatzüberlegungen stellt.

Ein langfristiger geschäftlicher Erfolg kann sich nur dann einstellen, wenn der Unternehmer aufgrund seiner Aktivitäten das Kundeninteresse auf seine Produkte beziehungsweise Dienstleistungen lenkt. Ein Unternehmer, der über einen längeren Zeitraum im Markt erfolgreich sein will, bietet Leistungen an, die vom Kunden nachgefragt werden. Das beste Produkt oder die originellste Dienstleistung wird nicht den erhofften Erfolg bringen, wenn der Kunde für die Leistungen nicht gewonnen werden kann. Der Kunde kauft in der Regel nur dann, wenn er einen Nutzen für sich erkennt. Er muss bereit sein, für Ihr Angebot den von Ihnen geforderten Preis zu bezahlen. Nur so können Sie einen ausreichenden Ertrag erzielen und das Unternehmen langfristig im Markt etablieren.

Der Markt unterliegt ständigen Veränderungen. Der rasche Wandel ist typisch für die moderne Wettbewerbswirtschaft. Was heute noch ein großer Renner ist, kann morgen schon zum „Ladenhüter" werden. Oder umgekehrt: Was heute kaum Absatz findet, kann morgen schon kräftige Umsätze bescheren. Sie sollten das Ohr immer am Markt haben, um Trends erkennen und schnell und flexibel auf Veränderungen des Käuferverhaltens beziehungsweise des Käufergeschmacks reagieren zu können.

Grundsätzlich sind folgende Faktoren für ein erfolgreiches Marketing wichtig:

- Umfassende und tiefgreifende Marktkenntnisse
- Klar definierte Zielgruppen und potenzielle Kunden
- Marktgerechtes Produkt- beziehungsweise Dienstleistungsprogramm
- Kundenorientierte und zeitgemäße Serviceleistungen
- Eine auf die jeweilige Zielgruppe abgestimmte Preisgestaltung
- Kostengünstige Vertriebsorganisation und Warenverteilung
- Zielgruppengerechte Absatzwerbung und Verkaufsförderung
- Imagefördernde und verkaufsunterstützende Öffentlichkeitsarbeit
- Einheitliches Unternehmensbild (Corporate Identity) als unverwechselbares Identifikationsmerkmal des Unternehmens

Der Unternehmer sollte damit zwei wesentliche Ziele verfolgen:

Erstens die Suche nach entsprechenden Zielgruppen im Gesamtmarkt und *zweitens* die Kundengewinnung durch den planmäßigen Einsatz verschiedener, aufeinander abgestimmter absatzpolitischer Instrumente. Das heißt die Entwicklung eines optimalen *Marketing-Mix*.

1. Marketing als wettbewerbsorientiertes Instrument der Kundengewinnung

Will ein Unternehmer erfolgreich sein, so muss er stets die Erwartungen und Bedürfnisse seiner potenziellen Kunden berücksichtigen. Er muss also auch lernen, sich in die Gedankenwelt seiner wichtigsten Marktpartner zu versetzen. Erfolgreiches Marketing heißt deshalb: den Markt und die potenziellen Kunden in den Mittelpunkt aller Planungen zu stellen. Grundvoraussetzung ist deshalb, dass Sie sich mit allen Marktteilnehmern, insbesondere Kunden und Konkurrenten, intensiv beschäftigen, das heißt umfassende und detaillierte Informationen beschaffen und für Ihr Konzept auswerten.

░ Dazu ist es notwendig für Ihr Unternehmen, die in Frage kommenden Zielgruppen, das können Privatpersonen oder Unternehmen sein, genau zu markieren, etwa nach den Merkmalen Anzahl, Einkommen und Kaufverhalten beziehungsweise Kaufgewohnheiten. Für den Einzelhändler hängt auch die Standortentscheidung von diesen Faktoren ab.

░ Sie sollten herausfinden, welche Bedürfnisse Kunden haben und welcher Nutzen für den Kunden zur Kaufentscheidung führen kann.

░ Stellen Sie durch eine entsprechende Konkurrenzanalyse fest, wie die Mitbewerber ihr vergleichbares Leistungsangebot präsentieren, welche Preise sie setzen, welche Vertriebswege sie gewählt haben und wie sie mit dem Markt kommunizieren.

> **Tipp**
>
> Marketing ist mehr als eine einmalige Eröffnungswerbung oder das Verteilen von Prospekten beziehungsweise Wurfzetteln, um das Angebot bekannt zu machen. Marketing geht über die reine Werbung hinaus. Marketing ist das planmäßige Aufspüren von Marktchancen durch die Anwendung absatzpolitischer Instrumente und die praktische Umsetzung durch einen marktgerechten „Marketing-Mix" in einem vom Wettbewerb geprägten Markt.

Ein detailliertes und in sich schlüssiges Marketingkonzept ist Grundlage für den unternehmerischen Erfolg

Um erfolgreich im Markt agieren zu können, müssen alle Komponenten der Markterschließung durch ein detailliertes Marketingkonzept berücksichtigt werden. Dies ist unentbehrliche Voraussetzung, um ein Unternehmen mit Erfolg aufbauen zu können. Ganz oben auf der Liste der Insolvenzgründe von Unternehmen steht mangelhafte Marktbearbeitung. Für neue Unternehmen, die noch einen Kundenstamm aufbauen müssen, ist die systematische Markterkundung und Marktbearbeitung absolut wichtig, um das neue Unternehmen am Leben erhalten zu können.

Die unprofessionelle Vermarktung von Produkten und Dienstleistungen ist, wie eine Vielzahl von Untersuchungen beweisen, leider sehr oft durch den gravierenden Mangel der Unternehmensführung an Vermarktungskompetenz verursacht. Durch Informationsdefizite erkennen viele Unternehmer nicht oder zu spät, dass sie sehr oft selbst für Vermarktungsdefizite verantwortlich sind. Der Gründer sollte sich bereits im Vorfeld und während der Planungsphase nicht nur mit finanziellen und organisatorischen Fragen des Unternehmensaufbaus befassen, sondern die Produktvermarktung in den Mittelpunkt seiner Überlegungen stellen.

Gründe dieses Informationsdefizits sind sicherlich auch darin zu sehen, dass es für die erfolgreiche Vermarktung keine Patentrezepte gibt, die gewissermaßen „auf Knopfdruck" den Verkaufserfolg nach sich ziehen. Umso wichtiger ist es, sich mit allen Fragen des Marketings zu beschäftigen und ein auf die Größe und die finanziellen Möglichkeiten abgestimmtes Vermarktungskonzept zu entwickeln; auch kleinere Unternehmen können dies durchaus mit qualitativer Ausprägung durchführen.

Natürlich sind begrenzte finanzielle Mittel, erschwerter Zugang zu Fremdkapital (Basel II!) und eine schleppende Konjunktur nicht gerade förderlich für einen erfolgreichen Unternehmensaufbau. Dazu kommt noch eine immer härter werdende Konkurrenzsituation, da viele Märkte überbelegt sind und ein Ausdünnungsprozess die Folge ist. Umso wichtiger ist es für den Existenzgründer, sich intensiv mit allen Fragen der Vermarktung zu beschäftigen, um ein gut strukturiertes, auf die Unternehmensgröße abgestimmtes Marketingkonzept entwickeln zu können. Andere Gründungsfaktoren wie zum Beispiel Buchführung, Organisation, Versiche-

rungen und Steuern treten in ihrer Wertigkeit deutlich hinter den Marketingbereich zurück. Diese Fragen können relativ problemlos mit Unternehmensberatern, Steuerberatern oder auch Rechtsanwälten besprochen und in das Gründungskonzept eingebaut werden. Nochmals: Fundierte Kenntnisse aller wichtigen Marketinginstrumente sind eine wichtige Voraussetzung, um ein Unternehmen langfristig überlebensfest zu machen.

Wie bereits festgestellt, ist bei schleppendem Auftragseingang in sehr vielen Fällen eine qualitativ nicht ausreichende Marktbearbeitung als Hauptursache anzusehen. Grundlage hierfür sind Produkte und Dienstleistungen, die dem Kunden einen für ihn wichtigen Nutzen beziehungsweise Zusatznutzen bringen. Dazu muss ein marktgerechter Kundenservice als unterstützendes Element den Kunden die Sicherheit geben, nicht mit eventuell auftretenden Problemen allein gelassen zu werden; zu denken ist da in erster Linie an Garantieleistungen, Rücknahmeverpflichtungen sowie eine prompte und zuverlässige Reklamationsbearbeitung. Dazu gehört auch, dass der Kunde laufend über Neuheiten und Sonderangebote informiert wird.

Ein Unternehmer, der erfolgreich im Markt agieren will, muss seine Ziele und Aktivitäten hauptsächlich auf den Absatzmarkt ausrichten. Dazu gehört auch, das Ohr ständig im Markt zu haben, Entwicklungen und Modetrends rechtzeitig zu erkennen und das Angebot entsprechend darauf hin auszurichten. Ein weiterer wesentlicher Aspekt der

Marktbearbeitung ist, die Warenverteilung möglichst kostengünstig zu organisieren, ohne jedoch die Effizienz der Kundengewinnung und Kundenbindung zu verringern.

Tipp

Marketing müssen Sie als ständige Herausforderung an Ihre Leistungsfähigkeit sehen und als dauerhafte Aufgabe begreifen. Die Notwendigkeit, sich auch als kleines Unternehmen ständig den Markterfordernissen und den Marktveränderungen anzupassen, wird sich zukünftig noch erhöhen. Kundenwünsche und Kundenbedürfnisse ändern sich ständig, denn nur die Veränderung bleibt konstant. Neue Konkurrenten treten in den Markt ein und schöpfen einen Teil der Kaufkraft ab, ebenso bewirken konjunkturelle Veränderungen Absatzrückgänge und Gewinnreduzierungen. Stellen Sie Ihre Unternehmenspolitik auf die Veränderungen ein. Entwickeln Sie längerfristige Marketingstrategien.

Sie allein entscheiden über Ihre Marketingstrategie

Wie und wo Sie die Schwerpunkte für Ihr Marketing setzen und welche Marketingstrategie Sie wählen, liegt allein in Ihrer Entscheidung. Nur Sie kennen Ihre finanziellen Möglichkeiten und den zu bearbeitenden Markt. Sie sollten jedoch einige grundsätzliche Fragen in Ihre Vorüberlegungen mit einbeziehen:

▪ Wie wird sich der Markt mittel- und langfristig entwickeln?

▪ Welchen Nutzen beziehungsweise Zusatznutzen kann ich den potenziellen Kunden vermitteln?

▪ Wo liegen die Alleinstellungsmerkmale meines Angebots gegenüber dem Angebot der Mitbewerber?

▪ Welche Ziele verfolge ich mittel- und langfristig?

▪ Wo und wie kann ich mich über meine Mitbewerber informieren?

▪ Welche Instrumente muss ich einsetzen, um im Markt erfolgreich agieren zu können?

▪ Wie muss meine Preisgestaltung aussehen?

▪ Wie muss ich mit dem Markt kommunizieren, um auf mein Angebot aufmerksam zu machen und damit einen Besitzwunsch aufzubauen und zu festigen?

▪ Welche Vertriebswege wähle ich, um das Produkt zum Kunden zu bringen?

▪ Wie organisiere und gestalte ich ein in sich geschlossenes, meiner Unternehmensgröße entsprechendes Marketingkonzept?

Der potenzielle Kunde muss einen Nutzen Ihres Angebotes erkennen

Das Produktangebot und der dafür vorgesehene Preis müssen ebenfalls in die grundsätzlichen Überlegungen einbezogen werden. Sie müssen klären, ob Sie einen begrenzten Kundenkreis ansprechen wollen, der teure und exklusive Produkte nachfragt, oder ein Angebot machen, das die breite Masse anspricht und dementsprechend preiswert sein muss. Für den Markterfolg ist es wichtig, dass Sie mit Ihrem Angebot die richtige Zielgruppe erreichen und damit die Akzeptanz Ihrer Zielgruppe treffen. Ist dies nicht der Fall, so müssen Sie Ihr Angebot ergänzen oder ändern und die Preisgestaltung neu über-denken. Eventuell müssen Sie auch einen Zusatznutzen schaffen, damit der Preis vom Kunden akzeptiert wird. Folgende Fragen sollten Sie sich diesbezüglich stellen:

▨ Welche besonderen Produkteigenschaften haben die von mir angebotenen Produkte und Dienstleistungen?

▨ Welchen Nutzen biete ich den Kunden?

▨ Welche besonderen Merkmale haben Design und Verpackung, um das Interesse der potenziellen Kunden auf mein Angebot zu lenken?

▨ Welche besonderen Serviceleistungen kann ich zusätzlich bieten?

▨ Wie sorge ich für eine menschliche Serviceleistung, die Kundenfreundlichkeit ausdrückt?

▨ Durch welche Maßnahmen kann ich das Firmenimage verbessern und damit die Kundenbindung festigen?

▨ Wie kann ich die Qualität meines Angebotes steigern?

▨ Welche Garantieleistungen, Rücknahmeverpflichtungen und Ersatzleistungen muss ich in meinem Kundenservice mit einbauen?

▨ Durch welche Maßnahmen kann ich mein Produkt langfristig im Markt halten? (Produktmodifikation? Produktvariation? Produktdifferenzierung?)

Tipp

Bei der Kaufentscheidung des Kunden steht nicht das Produkt oder die Dienstleistung im Vordergrund, sondern der Nutzen beziehungsweise Zusatznutzen. Die Chancen im Wettbewerb erhöhen sich beträchtlich, wenn der Kunde Vorteile durch den Erwerb des Produkts erkennen kann.

Der Preis als wichtiges Element der Kundengewinnung

Im wettbewerbsorientierten Markt ist der Preis ein bestimmendes Kriterium für den Kaufentscheid des Kunden. Die Wertigkeit des Produkts beziehungsweise der Dienstleistung muss sich im Preis widerspiegeln. Preise, die vom Kunden subjektiv als zu hoch empfunden werden, blockieren den Absatz und verhindern damit einen entsprechenden Gewinn. Die Konkurrenzfähigkeit ist damit nicht mehr gegeben. Der „richtige" Preis ist ein bestimmendes Element, um ausreichend Umsätze generieren zu können. Denn wenn vielen Verbrauchern weniger Geld aus ihrem Arbeitseinkommen verbleibt, da die Kosten für Miete, Versicherungen, Lebensunterhalt steigen – also die Fixkostenbelastung der Haushalte einen Großteil ihres verfügbaren Einkommens bindet –, dann bekommt der Preis für Gebrauchsgüter (zum Beispiel elektronische Geräte, Wohnungseinrichtung) und Verbrauchsgüter (zum Beispiel Nahrungsmittel, Kleidung) einen anderen Stellenwert im Käuferverhalten, als wenn ausreichend Kaufkraft vorhanden ist, die den Preis bei der Kaufentscheidung etwas in den Hintergrund rücken lässt.

Die verschärfte Situation auf dem Arbeitmarkt führt auch dazu, dass die Verbraucher einen größeren Teil ihres verfügbaren Einkommens sparen beziehungsweise für ihre Altersversorgung zurücklegen oder damit neue Anlagemöglichkeiten ausloten, um zu erwartende Defizite in der Alterversorgung ausgleichen zu können. Für konsumtive Güter bleibt dann natürlich immer weniger Kaufkraft übrig. Daher wird der verfügbare Betrag, der für den Lebensunterhalt ausgegeben werden kann, in den nächsten Jahren eher schrumpfen. Die Verbraucher sind gezwungen, in ihren Konsumdispositionen und Kaufentscheidungen sich auch oder im Besonderen an den Preisen zu orientieren und das Preis-Leistungs-Verhältnis mehr in den Mittelpunkt ihrer Überlegungen zu rücken. Deshalb ist es unbedingt notwendig für den Unternehmer, sich intensiv mit dem Preis für die von ihm angebotene Ware beziehungsweise Dienstleistung zu beschäftigen, um heraus finden zu können, wie das Preis-Leistungs-Verhältnis gestaltet werden muss.

Dazu sollten vom Unternehmer folgende Fragen gestellt und beantwortet werden:

▨ Was darf mein Produkt beziehungsweise meine Dienstleistung kosten, um ausreichend Abnehmer zu finden?

▨ Soll ich mein Angebot mit psychologischen Preisen (zum Beispiel 19,90 €) anbieten, um damit Kaufschwellen zu überwinden?

▨ Wie ist die Preisgestaltung der Konkurrenz für ein vergleichbares Produkt? Und was unterscheidet mein Angebot von dem der Konkurrenz?

▨ Bietet mein Angebot Alleinstellungsmerkmale, die den Preis rechtfertigen?

▨ Mit welchen Zusatzleistungen kann ich den Preis rechtfertigen?

▨ Mit welchem Produkt ist die Konkurrenz Preisführer? Was unterscheidet mein Angebot vom Angebot des Preisführers?

▨ Welche Preisnachlässe können an den Kunden gegeben werden, ohne meine Gewinnmarge sehr einzuengen?

▨ Wie kann ich meine Zahlungsbedingungen für den Kunden attraktiv gestalten, um meinen Preis halten zu können?

▨ Welchen besonderen Nutzen beziehungsweise Zusatznutzen kann ich dem Kunden bieten, um meine Preise zu rechtfertigen?

▨ Welche zusätzlichen Serviceleistungen kann ich in mein Leistungsangebot mit aufnehmen, um den Kunden von der Wertigkeit meines Produktangebots zu überzeugen?

> **▉ Tipp**
>
> Der Preis spielt eine wichtige Rolle dabei, den Kunden für Ihr Angebot zu gewinnen. Er ist aber nicht das alleinige Kriterium für den Kunden, sich für Ihr Angebot zu entscheiden. Entziehen Sie sich dem reinen Preiswettbewerb, indem Sie Ihren Produkten einen zusätzlichen Nutzen verschaffen, der Ihr Angebot durch ein oder mehrere Merkmale von den Konkurrenzangeboten abhebt beziehungsweise unterscheidet.

Die richtige Zielgruppe muss mit ihren Bedürfnissen und Wünschen angesprochen und getroffen werden

Eine zentrale Bedeutung, die für ein erfolgreiches Marketing unentbehrlich ist, haben detaillierte und aussagekräftige Informationen über Kunden beziehungsweise Kundengruppen. Ob die Zielgruppe mit der Marketingstrategie deckungsgleich ist, sollte immer wieder überprüft werden. Marketing ist ein fließender Prozess, der immer wieder der Marktsituation angepasst werden muss. Kurskorrekturen sind von Zeit zu Zeit notwendig, um aktuell und zukünftig am Markt agieren zu können. Geschmacksrichtungen und Modeströmungen verändern ständig das Käuferverhalten. Prognosen des Verbraucherverhaltens über einen längeren Zeitraum lassen sich nur schwer in ein Marketingkonzept einbauen. Die Marketingplanung unterliegt deshalb ständigen Korrekturen und muss entsprechend den Veränderungen neu angepasst werden. Diese Anpassung der Marketingstrategie an marktwirtschaftliche Veränderungen muss ein fester Bestandteil unternehmerischen Denkens und Handeln sein. Um aktuelle Daten zu gewinnen, sollten Sie sich folgende Fragen stellen:

▓ Wer sind meine Kunden? Wie sind Altersstruktur, Einkommen und soziale Stellung?

▓ Hängt mein Unternehmen vorwiegend von genau einschätzbaren Einzelkunden ab oder ist es ein Massenmarkt, den ich bearbeiten muss?

▓ Habe ich Stammkunden, die konstant ein Angebot in Anspruch nehmen, oder sind meine Kunden eher der so genannten Laufkundschaft zuzurechnen, die nur sporadisch die Waren kauft?

▓ Was kann ich unternehmen, um die Laufkundschaft zu Stammkunden werden zu lassen?

▓ Ist mein Angebot ausreichend auf die Wünsche der Kunden abgestimmt?

▓ Tipp

Die Kenntnis der Kundenbedürfnisse und Kundenwünsche ist die Grundlage jedes Geschäftserfolges. Nur die Kunden sorgen dafür, dass das Unternehmen langfristig im Markt bestehen kann. Der Erfolg des Unternehmens hängt in erster Linie von den Kundenaufträgen ab, nicht von organisatorischen Maßnahmen oder betriebswirtschaftlichen Daten.

Die genaue Kenntnis der Konkurrenzangebote ist unerlässlich für den Markterfolg

Neben der Erforschung der Kundenbedürfnisse und des Konsumverhaltens Ihrer potenziellen Kunden beziehungsweise Zielgruppen ist die richtige Einschätzung Ihrer Konkurrenten einer der wichtigsten Punkte in der Marketingplanung und erfordert, dass Sie sich gründlich mit den Wettbewerbern in Ihrem zukünftigen Markt auseinander setzen. Die Hauptaufgabe der Konkurrenzanalyse besteht im Sammeln und Bewerten möglichst umfassenden Informationsmaterials über die wichtigsten Konkurrenten Ihres Unternehmens. Wichtige Faktoren bei der Analyse sind: Ertragskraft, Marketingkonzepte, Marktanteil, Wachstum, Innovationskraft, Wachstumspotenzial.

Sie müssen bedenken, dass Wettbewerber, die sich bereits im Markt befinden, sich auf das Heftigste wehren werden, indem sie ihre Absatzwerbung intensivieren, zusätzliche Serviceleistungen zu verbesserten Bedingungen den Kunden anbieten und generell zur Abwehr der „Neueinsteiger" ihren Finanzetat erhöhen werden. In bestimmten Branchen bestehen bereits hohe Markteintrittsbarrieren, die durch hohe Vorleistungen im Aufbau des Kundenstammes entstanden sind (zum Beispiel starke Kundenbindung an das Unternehmen, straffes Kostenmanagement und damit günstige Preisgestaltung).

Die Beurteilung der Konkurrenz sollten Sie immer im Vergleich mit Ihrem eigenen Unternehmen vornehmen. Sie sollten sich dazu einige Fragen stellen:

■ Welche Mitbewerber sind bereits auf dem Markt?

■ Wie stark ist der Wettbewerb im Markt und wie wird sich der Wettbewerb entwickeln?

■ Welche Zielgruppen werden durch die Wettbewerber angesprochen?

■ Welche Markteintrittsbarrieren bestehen und wie kann ich diese überwinden?

■ Wie könnten die Mitbewerber auf Ihren Markteintritt reagieren?

■ Welche Marketingstrategie verfolgen die Mitbewerber?

■ Welche Stärken und Schwächen sind bei den Wettbewerbern gegeben und wie fällt der Vergleich zu Ihrem Unternehmen aus?

■ Welche Vertriebsweg nutzen die Wettbewerber?

■ Wie ist das Ansehen Ihrer Wettbewerber im Markt?

Die Marktkommunikation ist heute und zukünftig der wichtigste Erfolgsfaktor

Größeres Augenmerk müssen Sie auf die Kommunikation mit Ihren Zielgruppen legen. Durch die qualitativ gute Information der potenziellen Kunden über Ihr Angebot schaffen Sie eine unverwechselbare Identität Ihrer Unternehmensleistung. Ihr Ziel muss es sein, ein klares Profil im Markt zu entwickeln. Dies kann durch eine pfiffige und unverwechselbare Werbung geschehen oder auch durch ein einheitliches Erscheinungsbild (Corporate Identity) Ihres Unternehmens. Häufig bewirkt erst die Kombination verschiedener Faktoren einen Wettbewerbsvorteil.

Auch zur Kommunikation mit den potenziellen Kunden sollten Sie für sich einige Fragen beantworten:

■ Wie erreichen Sie Ihre Zielgruppen?

■ Mit welchen Werbemitteln und Werbeträgern kann dies geschehen?

■ Durch welche Werbeaktionen werden Sie die Beziehung zu den potenziellen Kunden aufbauen und festigen?

■ Auf welchen Messen beziehungsweise Ausstellung werden Sie Ihr Unternehmen und Angebot vorstellen?

■ Welche verkaufsfördernden Maßnahmen werden Sie verkaufsunterstützend einsetzen?

Wie werden Sie imagefördernde Maßnahmen durchführen?

Wie werden Sie den Werbeerfolg kontrollieren?

> **Tipp**
>
> Marketing ist von Bedeutung nicht nur für große Unternehmen, sondern in besonderem Maße auch für Klein- und Mittelbetriebe, die auf Veränderungen im Markt schneller und flexibler reagieren können.

Wettbewerbsvorteile müssen gegenüber der Konkurrenz herausgearbeitet und dem Kunden vermittelt werden

Im Mittelpunkt des Marketings steht zu Recht die Kundengewinnung. Gleichmaßen bedeutsam für den unternehmerischen Erfolg ist jedoch die Konkurrenzanalyse, denn davon hängt letztendlich auch ab, ob Sie im Markt bestehen können oder ob die Mitbewerber in einigen Bereichen (zum Beispiel Preis, Alleinstellungsmerkmale, Kundennutzen) Wettbewerbsvorteile haben, die Ihre Konkurrenzfähigkeit entscheidend einengen. Um sich im Markt gegen die Konkurrenz durchsetzen zu können, müssen Sie einige Wettbewerbsvorteile entwickeln und herausstellen, die laufend durch werbliche Unterstützung verteidigt werden müssen. Im Folgenden sind einige Wettbewerbsvorteile aufgelistet, die Sie entsprechend Ihrem Angebot noch ergänzen können.

Nutzen und Zusatznutzen schaffen

Der Schlüssel zum Markterfolg sind in erster Linie zufriedene Kunden, nicht großartige Produkte. Kunden kaufen sich mit ihrem hart verdienten Geld die Befriedigung ihrer Bedürfnisse und die Lösung ihrer Probleme. Erstes Prinzip einer erfolgreichen Geschäftsidee ist somit, dass Sie klar dar-stellen, welches Bedürfnis in welcher Form befriedigt werden soll.

Wesentliches herausarbeiten

Versuchen Sie herauszufinden, wie Sie Ihre Stärken herausstellen können. Das Wesentliche von Unwesentlichem zu trennen, ist eine „Kunst", die Sie für Ihre unternehmerische Tätigkeit erlernen und verinnerlichen sollten. Das gilt auch für Ihre Marketingstrategie und damit für die Darstellung Ihres Angebotes in werblichen Aktionen. Verzetteln Sie sich nicht durch eine Vielzahl von Vorteilen, die Sie Ihren Kunden aufzählen. Konzentrieren Sie Ihr Angebot auf drei wesentliche Merkmale, die der Kunde leicht erkennen und zur Befriedigung seiner Bedürfnisse klar einordnen kann. Diese Merkmale sollten aber signifikant herausgestellt und ständig in Ihren Werbeaktionen wiederholt werden.

Werbeprofis arbeiten mit den wichtigsten Produkt- und Leistungsfaktoren, um eine Werbebotschaft im Gedächtnis des potenziellen Kunden platzieren und fixieren zu können. Produkteigenschaften müssen klar umrissen und präzise dargestellt werden, um sich aus der Masse von Informationen, die täglich auf den Verbraucher niedergehen, abzuheben. Deshalb: Nicht die Menge der

Informationen über Ihr Angebot bringt Erfolg, sondern die Angebotsqualität und die entsprechenden präzise und klar umrissenen werblichen Aussagen dazu ziehen den Verkaufserfolg nach sich.

Alleinstellungsmerkmale herausstellen

Aufgrund der vielen vergleichbaren Angebote ist es oftmals für den Verbraucher schwierig, Produkte der einzelnen Anbieter mit vergleichbaren und fast identischen Eigenschaften zu unterscheiden. Oftmals wird dann vom Kunden über den Preis eine Auswahl getroffen, der letztendlich die Gewinne schrumpfen lässt und den finanziellen Aufwand für die Kundengewinnung nicht mehr rechtfertigt.

Wer diesen „Preiskampf" als neues Unternehmen mitgeht, hat bereits in dieser Phase verloren. Kein Existenzgründer, aber auch kein etablierter Kleinunternehmer kann es sich leisten, über den Preis Kunden zu gewinnen; gegen starke Mitbewerber steht man so auf verlorenem Posten. Besser ist, nicht den Preis in den Vordergrund zu stellen, sondern zu versuchen, so genannte Alleinstellungsmerkmale gegenüber dem Mitbewerb herauszuarbeiten und herauszustellen. Alleinstellungsmerkmale kann natürlich auch das Produkt aufweisen, wahrscheinlicher ist jedoch, dass ein Alleinstellungsmerkmal im Servicebereich entwickelt werden kann.

So kann zum Beispiel für technische Güter ein „Sorgentelefon" eingerichtet werden, das eine prompte Erledigung von Reparaturleistungen gewährleistet. Es können

Garantie- und Rücknahmeverpflichtungen eingegangen werden, die über den normalen gesetzlichen Rahmen hinausgehen. Der Kunde will in der Regel nicht das billigste Produkt erstehen, sondern er will sich für das im Preis-Leistungs-Verhältnis günstigste Angebot entscheiden. Dazu gehört auch der Faktor „Sicherheit", indem eventuell auftretende Probleme möglichst schnell und kostengünstig vom Anbieter gelöst werden.

Wiedererkennung verankern und Kontinuität sichern

„Der Mensch ist ein Gewohnheitstier!" Dieser etwas saloppe Spruch trifft natürlich auf Kunden im Besonderen zu. Natürlich steckt in solchen Aussagen eine gehörige Portion Sicherheitsdenken. Sie sollten sich die Grundmotive der Kunden zunutze machen, indem Sie verlässliche Aussagen über die Angebotsqualität machen.

Die Kundentreue hat immer noch einen hohen Stellenwert im Verbraucherverhalten. *„Was man kennt, kann einen nicht enttäuschen!"*. Dazu ist es notwendig, das Erscheinungsbild des Unternehmens einheitlich zu gestalten (Corporate Identity). Das kann geschehen durch besondere Erkennungsmerkmale wie ein einheitliches Signet, Schriftzug und Farben, um den Wiedererkennungswert zu erhöhen und um Kontinuität und Einheitlichkeit zu signalisieren.

Ebenso sollten die Mitarbeiter auf ein freundliches, kundenorientiertes Verhalten eingestimmt und verpflichtet werden.

Nur wenn sich die Mitarbeiter wirklich kundenorientiert verhalten, kann sich letztlich eine vertrauensvolle Kundenbeziehung bilden. Die ist ein echter strategischer Wettbewerbsvorteil, denn sie kann nicht ohne weiteres von der Konkurrenz kopiert werden.

Darüber hinaus kann das Unternehmen eine Unternehmenskultur entwickeln, die sich positiv auf den Kunden und die Kontinuität der wechselseitigen Beziehungen auswirkt. Wie erwähnt: Der Preis tritt bei qualitativ hochwertigen Zusatzleistungen etwas in den Hintergrund gegenüber anderen positiven Produktmerkmalen.

■ Tipp

Das Herstellen oder das Anbieten eines qualitativ hochwertigen Produktes oder einer Dienstleistung ist die eine wichtige Seite des Unternehmenserfolgs. Der weitaus wichtigere Teil ist der Aufbau eines Kundenstammes sowie dessen Erhaltung und Weiterentwicklung.

2. Der Produktlebenszyklus bestimmt die Marketingstrategie

Unter Produktlebenszyklus wird allgemein die Lebensdauer eines Produkts verstanden. Von der Markteinführung bis zum Marktaustritt werden bestimmte Phasen durchschritten. Diese Zykluszeiten bewirken für alle Unternehmen eine Reihe von Problemen, die durch ein qualitativ anspruchsvolles Marketing aufgefangen werden müssen. Dazu stehen dem Unternehmer eine Reihe von Instrumenten zur Verfügung, die, je nach Unternehmensgröße und Branche, eingesetzt werden können. Besonders mit den Teilinstrumenten der Marktkommunikation wie Werbung, Verkaufsförderung und Öffentlichkeitsarbeit muss sich der Unternehmer zukünftig besonders befassen, da in diesen Bereichen Differenzierungsmöglichkeiten gegenüber der Konkurrenz besonders wichtig sind. Darüber hinaus spielen die Markterkundung, Sortiments- und Produktgestaltung, Preis und Distribution sowie der Kundenservice eine wichtige Rolle bei der Marktbearbeitung und letztendlich der Kundengewinnung. Eine professionell ausgeklügelte Marketingstrategie ist sicherlich, insbesondere für den Existenzgründer, ein Mittel, langfristig im Markt bestehen zu können. Insbesondere muss das ständig sich verändernde Käuferverhalten, das von neuen Trends und Modeströmungen stark abhängig ist, in alle Überlegungen mit einbezogen werden.

1. Einführungsphase: Hohe Werbeaufwendungen für den Markteinstieg

Die einzelnen Phasen ergeben eine Phasenkette, an deren Anfang der Eintritt in den Markt, die so genannte *Einführungsphase*, steht. In dieser Phase wird das Produkt oder auch die Dienstleistung durch starke Werbeaktivitäten in den Markt eingeführt. Hierbei entscheidet sich, ob das Produkt vom Markt angenommen wird oder nicht. Stimmt das Angebot mit den Kundenwünschen und Kundenbedürfnissen überein, so wird sich das Produkt im Markt durchsetzen. Der Faktor Konkurrenzangebote spielt natürlich auch eine wichtige Rolle dabei, ob sich das Produkt im Markt erfolgreich einführen und durchsetzen wird. Auch wenn sich das Produkt in dieser Einführungsphase gut verkaufen sollte, wird in der Regel kaum Gewinn erwirtschaftet werden, da hohe Ausgaben für Werbung, Verkaufsförderung sowie, bei Produktinnovationen, Entwicklung in der Regel zu Anfangsverlusten führen.

2. Wachstumsphase: Steiler Umsatz- und Gewinnzuwachs

Es folgt die *Wachstumsphase*, in der die angewandten Marketinginstrumente, wie zum Beispiel Absatzwerbung und Verkaufsförderung, zu wirken beginnen. Ist das Käuferinteresse während der Einführungsphase geweckt worden, so zieht dies in der Regel eine sprunghafte Nachfrage nach sich. Das Produkt hat in dieser Phase einen entsprechenden Bekanntheitsgrad erreicht. Es wird vom Markt angenommen und setzt sich im Markt durch. Der Nutzen beziehungsweise der Zusatznutzen wird vom Kunden erkannt und ist deckungsgleich mit dessen Bedürfnissen. In dieser Phase muss der Absatz und somit auch der Gewinn überproportional wachsen, denn es treten die ersten Mitbewerber in den Markt ein, die das Produkt oder auch die Dienstleistung nachahmen.

Die Mitbewerber werden das Produkt in Qualität, Design, Preis oder anderen Faktoren modifizieren und sind dadurch in der Lage, neue Käufergruppen anzusprechen und zu gewinnen. Durch die neue Konkurrenzsituation erfolgt bereits ein leichter, jedoch stetiger Rückgang der Absatzzuwächse.

3. Reifephase: Abflachen der Umsatz- und Gewinnzuwachsrate

Anschließend durchläuft das Produkt die Reife- und Sättigungsphase. Die *Reifephase* ist dadurch gekennzeichnet, dass zwar noch ein leichter Absatzzuwachs gegeben ist, die Zuwachsraten verringern sich jedoch kontinuierlich. In dieser Phase setzt ein starker Wettbewerb um Marktanteile ein. Oftmals helfen Preissenkungen, Kunden zu erreichen, die mehr auf günstige Angebote achten als auf den Nutzen innovativer Produkte. Jetzt ist der Zeitpunkt gekommen, ein verstärktes Augenmerk auf die Kunden- und Marktpflege zu richten.

4. Sättigungsphase: Stagnation des Umsatzes

Während der *Sättigungsphase* erlebt das Produkt eine Absatzstagnation. Hier ist bereits der Kampf der Marktanbieter um den Kunden in vollem Gange. Der Wettbewerb wird durch verstärkte Werbeaktivitäten der einzelnen Anbieter ständig angeheizt. Der Absatzzuwachs stagniert und kommt schließlich zum Erliegen. Eine Absatzsteigerung ist dann nur möglich, wenn zusätzliche Mittel für Werbung und Verkaufsförderung bereitgestellt werden. Eine Verlängerung dieser Phase würde nur durch Produktmodifikation, für die das Unternehmen auch Mehrausgaben für Werbemaßnahmen einplanen müsste, erfolgen können. Diese erhöhten Ausgaben würden jedoch die Gewinne weiter schmälern und weitere Aktivitäten für das Produkt nicht mehr rechtfertigen. Ein zusätzlicher Einsatz von finanziellen Mitteln würde nicht den gewünschten Erfolg nach sich ziehen. Letztendlich ist der Umsatz- und damit der Ertragsrückgang nicht mehr aufzuhalten. Technische Neuerungen und veränderte Kundenbedürfnisse schaffen Nachfrage nach neuen beziehungsweise veränderten Produkten und Dienstleistungen. Hinzu kommt in dieser Phase meist noch ein starker Verdrängungswettbewerb über den Preis, der in vielen Fällen die Gewinne weiter schmelzen lässt. Der Preis wird somit immer mehr zum wettbewerbspolitischen Instrument.

5. Austrittsphase: Starker Umsatzrückgang; Produkt wird aus dem Markt genommen

Schließlich folgt die *Austrittsphase*, die auch Degenerationsphase genannt wird. In dieser Phase steht der zusätzliche Aufwand zum erwirtschafteten Mehrgewinn in einem unwirtschaftlichen Verhältnis. Die Umsätze brechen ein, da das Käuferinteresse sich auf neue Produkte oder Dienstleistungen hin verlagert. Sehr häufig wird in dieser Phase das Produkt aus dem Markt genommen.

Viele Unternehmen versuchen, den Verfall des Produkts aufzuhalten beziehungsweise hinauszuzögern, indem sie das Produkt umfassend überarbeiten, und um sich so im Markt mithilfe von neuen Werbestrategien beziehungsweise verkaufsfördernden Maßnahmen wieder neu zu positionieren. Dies kann durchaus erfolgreich sein, wenn dem Kunden Alleinstellungsmerkmale aufgezeigt werden und er einen neuen Nutzen beziehungsweise Zusatznutzen für sich erkennen kann.

3. Von der Marktuntersuchung zum Marketingkonzept

Die Untersuchung des Marktes beziehungsweise von Teilmärkten wird durch die Markterkundung und Marktforschung durchgeführt. Unter Marktforschung versteht man die systematische Analyse von Märkten beziehungsweise Teilmärkten nach wissenschaftlichen Methoden. Die Markt-erkundung ist hingegen ein unsystematisches Sammeln von Informationen über die Marktverhältnisse beziehungsweise ein Marktsegment. Die Marktforschung ist eine systematische Untersuchung des Marktes zur Beschaffung und Auswertung von Marktdaten, um Marketingmaßnahmen vorbereiten und durchführen zu können. Sie teilt sich in Marktanalyse und Marktbeobachtung. Die Marktanalyse ist zeitpunktbezogen und basiert auf statistischen Untersuchungsmethoden des Marktes. Die Ergebnisse werden aufgrund von Momentaufnahmen erzielt. Die Marktbeobachtung ist die fortlaufende zeitraumbezogene Untersuchung der Marktentwicklung. Die Ergebnisse werden aufgrund von längerfristigen Beobachtungen erzielt.

Sind die grundsätzlichen Entscheidungen über das Produkt- und Leistungsprogramm durchgeführt, so stellt sich für den Unternehmer die Frage, welche Möglichkeiten gegeben sind, sich für seine Absatzentscheidung die wesentlichen Daten zu beschaffen.

In der Praxis wird es meist darauf hinauslaufen, dass die Marktanalyse, die sich auf Konkurrenz, Bedarf und Absatz bezieht, Strukturen der Absatzmärkte untersucht. Sie ist sozusagen der erste Schritt zu einer kontinuierlichen Marktbeobachtung. Die Aufgabe der Marktbeobachtung besteht in der systematischen Verfolgung der dynamischen Entwicklung eines Marktes in seine verschiedenen Richtungen. Beide zusammen, Marktbeobachtung und Marktanalyse, bieten letztendlich die Basis, auf der eine Marktprognose der künftigen Marktentwicklung aufbauen kann. Als ein wesentliches Kriterium für die Leistungsfähigkeit der Marktforschung ist der Beitrag zu werten, der zur Marktprognose geleistet wird. Im Grunde genommen ist die Hauptforderung an die Marktforschung darin zu sehen, bei den einzelnen Aufgaben zu in die Zukunft weisenden Erkenntnissen zu gelangen. So erwartet man zum Beispiel von einem Produkttest, dass seine Ergebnisse Schlüsse darüber zulassen, welche Aufnahmebereitschaft, aber auch Aufnahmekapazität für das getestete Erzeugnis im zukünftigen Markt bestehen wird.

 Tipp

Grundsätzlich gilt: Stellen Sie den Absatzmarkt und die von Ihnen umworbene Kundenzielgruppe in den Mittelpunkt aller Überlegungen.

Entwicklung des Marketingkonzeptes

Wenn Sie ein Marketingkonzept für Ihr Unternehmen entwickeln wollen, müssen Sie entscheiden, wie das gesamte absatzpolitische Instrumentarium ausgestaltet werden soll. Das bedeutet, Sie müssen geeignete Instrumente festlegen, die den absatzpolitischen Erfolg Ihrer Produkte oder Dienstleistungen sicherstellen sollen. Voraussetzung für ein marktorientiertes, kundengerechtes Verhalten Ihres Unternehmens ist, Informationen über den Markt, in dem Sie sich bewegen und Gewinne erzielen wollen, zu erhalten.

Zu den wichtigsten Aufgaben gehören:
▧ Grundinformationen sammeln über den Markt, in dem Sie sich bewegen wollen
▧ Aufgrund der gewonnenen Daten und Fakten Sicherheit zu erlangen über die marktlichen Gegebenheiten und die zukünftige Entwicklung des Marktes
▧ Planung und ständiges Überprüfen, ob die angestrebten Ziele erreicht werden können

Dazu bedient sich die Marktforschung in der Regel der Primär- und Sekundärforschung.

▧ Primärforschung

Primärforschung ist die Beschaffung, Aufbereitung und Erschließung neuen Datenmaterials aus dem Markt. Erhebungsmethoden sind:

Befragung: Schriftliche, mündliche oder telefonische Datenerhebung oder Befragung zum Beispiel via Internet, um ein Meinungsbild zu bestimmten Produkten oder Produktgruppen gewinnen zu können.

Interview: Ermittlung grundsätzlicher Verhaltensweisen (Meinungen, Einstellungen, Motive), die für ein bestimmtes Konsumverhalten ausschlaggebend sein können.

Test: Befragung einer Zielgruppe für ein ganz bestimmtes Produkt anhand von Warenproben.

Panel: Regelmäßige Befragung einer bestimmten Personengruppe anhand von speziellen Fragebögen zum gleichen Erhebungsgegenstand. Befragung erstreckt sich über einen längeren Zeitraum.

Beobachtung: Feststellung von Verhaltensweisen ohne Befragung. Auswahl des Beobachtungsfeldes erfolgt zufällig.

Experiment: Reaktionen auf unterschiedliche Produktmerkmale (Gestaltung, Qualität, Preis). Erprobung neuer Produkte vor der Markteinführung.

▧ Sekundärforschung

Da bei einem Existenzgründer noch keine internen Daten vorliegen und er auf Betriebsvergleichsdaten angewiesen ist, die auch nur allgemeine Aussagen über die jeweilige Branche wiedergeben, bezieht sich die Informationsgewinnung vor allem auf externe Datenmaterialien. Sekundärunterlagen können sein:

░ Berichte von Fachverbänden und Kammern

░ Markt- und Trendberichte von Banken und Sparkassen

░ Ermittlungsergebnisse von Marktforschungseinrichtungen und Mediaagenturen

░ Veröffentlichungen der Konkurrenzunternehmen (Prospekte, Kataloge, Imagebroschüren, Zeitungsbeilagen)

░ Statistiken und Marktberichte der statistischen Ämter

░ Fachzeitschriften, Fachmagazine

░ Wirtschaftsberichte regionaler und überregionaler Zeitungen

░ Wirtschaftsnachrichten internationaler Zeitungen

░ Veröffentlichungen von staatlichen Stellen im In- und Ausland

░ Verbandsstatistiken und Branchenvergleichszahlen

░ Besuche von Messen und Ausstellungen

░ Anzahl der Konkurrenzbetriebe anhand von Adressbüchern

Drei Bereiche sind für eine aussagekräftige Marktanalyse wichtig:

1. Entwicklung der Nachfrage

Hier werden Daten über die Marktgröße, das Verbraucherverhalten und die Beurteilung der Produkte beziehungsweise Dienstleistungen gewonnen. Bei der Marktgröße wird die Zahl der potenziellen Käufer eines Produktes ermittelt. Abhängig ist dies besonders von der Bevölkerungszahl im Absatzgebiet. Sie wird in der Regel nach bestimmten Merkmalen aufgegliedert (Alter, Geschlecht, Beruf, Einkommen). Beim Verbraucherverhalten steht die Frage nach den Motiven zur Tätigung eines Kaufs oder nach den Motiven eines Kundenwunsches im Vordergrund. Beeinflusst werden dadurch unter anderem die Preispolitik, die Produktpolitik und die Werbegestaltung. Da wir uns in einem so genannten Käufermarkt befinden, müssen die Produkte an die Vorstellungen und Wünsche der Konsumenten angepasst werden. Diese Vorstellungen und Wünsche müssen, auch im Vergleich zu Konkurrenzprodukten, im Hinblick auf Qualität, Handhabung, Aufmachung und Preis ermittelt werden.

2. Konkurrenzsituation

Ein Unternehmen darf seine Marktentscheidung nicht isoliert treffen, sondern es muss neben der Betrachtung der Nachfrageverhältnisse auch Konkurrenzaktivitäten beachten. Dabei sind folgende Informationen wichtig: Vergleich der eigenen Produkte mit Produkten und Substitutionsgütern der Konkurrenz, Ermittlung des Marktanteils, der Größe und Qualifikation der Konkurrenzunternehmen sowie des Marktverhaltens der Mitbewerber (zum Beispiel Preis, Produkt- und Vertriebsverhalten).

3. Prognosen und Entwicklungstendenzen

Da Unternehmensentscheidungen sehr oft langfristiger Natur sind, müssen Veränderungen im Markt frühzeitig erkannt werden. Das bezieht sich insbesondere auf das Wachstum der Bevölkerung und ihrer Kaufkraft, Änderung der Verbrauchs- und Lebensgewohnheiten der Bevölkerung, Stil und Geschmacksveränderungen, Innovationen der Konkurrenz, das Erscheinen neuer

Mitbewerber im Markt sowie Kooperationen und Zusammenschlüsse der Konkurrenten.

Gewonnene Informationen filtern und auswerten

Wenn die gewonnenen Informationen gefiltert und ausgewertet worden sind, lässt sich ein umfassendes und detailliertes Profil über den potenziellen Kundenkreis und dessen Kaufverhalten sowie über Konkurrenten, die im Markt ihre Produkte anbieten, anfertigen. Darüber hinaus können Informationen über konjunkturelle Entwicklungen, die sowohl vom Binnenmarkt als auch von internationalen Veränderungen abhängen, sowie über die allgemeine wirtschaftliche Entwicklung in der Region und über regionale Grenzen hinaus gewonnen werden. Schließlich bewirkt die Markterkundung, dass Trends und Strömungen, die in den folgenden Jahren das Kaufverhalten breiter Bevölkerungsschichten bestimmen dürften, rechtzeitig erkannt werden, um so das Unternehmen langfristig zu sichern.

Dem Unternehmensgründer steht eine Vielzahl von Instrumenten zur Verfügung, mit deren Hilfe er seine Produkte beziehungsweise Dienstleistungen im Markt platzieren und etablieren kann.

4. Marktdurchdringung mit Hilfe absatzpolitischer Instrumente

Die meisten Branchen sind durch Käufermärkte geprägt. Neue Unternehmen müssen sich also im knallharten Wettbewerbsumfeld behaupten. Marketing wird damit zum zentralen Erfolgsfaktor.

Marketing ist eine Denkhaltung von den Märkten her zu den Märkten hin. Dahinter steckt die Erkenntnis, dass ein Unternehmen nur dann dauerhaft erfolgreich sein kann, wenn die Gegebenheiten des Marktes und die Bedürfnisse der Kunden im Zentrum aller unternehmerischen Entscheidungen stehen. Der größte Engpassfaktor in den Unternehmen ist heute die Vermarktung.

Durch die Anwendung des so genannten *Marketing-Mix* wird aus der Vision ein Aktionsprogramm, das folgende vier Hauptinstrumente enthält: Produktpolitik, Preispolitik, Distributionspolitik und Kommunikationspolitik.

Produktpolitik

Hier stehen zwei Fragen im Mittelpunkt. Die erste Frage muss lauten: Welchen Nutzen stiftet das Produkt dem Kunden? Die zweite Frage bezieht sich auf Konkurrenzprodukte: Welche Vorteile hat das Produkt gegenüber dem Mitbewerberprodukten? Oder: Welche Alleinstellungsmerkmale biete ich gegenüber dem Konkurrenzumfeld?

Der Nutzen beziehungsweise Zusatznutzen für den Kunden muss absolut im Zentrum der Betrachtung stehen. Kunden beurteilen das Produkt nicht nur nach technischer Leistungsfähigkeit, sondern haben eine Vielzahl von Komponenten im Blick, die das Produkt interessant machen und für die sie eine besondere Präferenz entwickeln. So wird der Kaufentscheid durch eine Vielzahl von Produkteigenschaften ausgelöst, die in der Summe zum Erwerb führen können. Der Kunde legt sein Hauptaugenmerk auf Produktfaktoren, die auch im Bereich von emotionalen Empfindungen angesiedelt sind und vom reinen rationalen Verstand nicht erfasst werden können. Zum Beispiel spielen Produktdesign, Farbe, Produktimage, Aufmachung und Verpackung eine wichtige Rolle für den Kaufentscheid. Darüber hinaus haben natürlich auch Garantieleistungen, Serviceleistungen und „smarte" Handhabung, also leichte Bedienbarkeit, einen nicht zu unterschätzenden Einfluss auf die Kaufentscheidung des Kunden, wobei der Servicegedanke immer mehr an Bedeutung gewinnt und die Entscheidung für ein Produkt stark beeinflusst.

Grundsätzliche Überlegungen zum Produkt- und Leistungsprogramm

Bieten Sie Produkte/Dienstleistungen an, die noch von keinem Konkurrenten angeboten werden. Besetzen Sie eine Marktnische, die Ihnen einen ausreichenden Ertrag sichert. Bieten Sie hingegen keine Leistungen an, die wegen des harten Wettbewerbs keine ausreichenden Gewinne bringen, da bei einer Vielzahl von Wettbewerbern im Marktsegment der Wettbewerb in der Regel über den Preis ausgetragen wird.

Eine grundlegende Unternehmereigenschaft besteht darin, Zukunftstrends und Modeströmungen zu erkennen. Nehmen Sie Leistungen, die zukünftig einen guten Absatz erwarten lassen, mit in Ihr Angebot auf. Machen Sie sich jedoch nicht allein von Produkten abhängig, die zwar kurzfristig eventuell einen interessanten Umsatz- und Gewinnzuwachs versprechen, mittel- und langfristig aber als „Ladenhüter" unnötig Kapital binden, da neue Modererscheinungen bei den Kunden gefragt sind und das Kaufverhalten bestimmen. Die gute Mischung macht's letztlich: Führen Sie ein Sortiment, das sowohl langfristig nachgefragte Artikel enthält als auch solche, die als Mode- und Trendartikel kurzfristige Umsatzschübe bewirken.

Ein erfolgreicher Unternehmer versucht sich stets in die Lage seiner Kunden zu versetzen. Er versucht sein Angebot mit deren Augen zu sehen und hinterfragt, welchen Nutzen die Kunden aus seinem Angebot ziehen können. Es nützt Ihnen wenig, wenn Sie das von Ihnen bereitgestellte Sortiments- beziehungsweise Dienstleistungsangebot selbst als interessant und umsatzträchtig sehen, der Käufer jedoch keinen Nutzen für sich erkennen kann und deshalb die Leistung nicht in Anspruch nimmt. Nur wenn Ihr Angebot auf den Käufergeschmack ausgerichtet ist, der Preis vom potenziellen Kunden als angemessen betrachtet und die Serviceleistungen als vorteilhaft erkannt werden, können

Sie damit rechnen, dass Ihr Produkt- oder Dienstleistungsangebot die zur Existenzsicherung benötigten Umsätze und Erträge abwerfen wird.

Sie sollten auch daran denken, dass Luxusartikel oftmals nur dann gekauft werden, wenn sie ein bestimmtes, mit dem Markenartikel verbundenes Preisniveau aufweisen. Der Kunde akzeptiert für Luxusgüter beziehungsweise höherwertige Produkte einen angemessenen Preis, ist also durchaus bereit, einen höheren Preis zu bezahlen, wenn die Qualität, die mit dieser Artikelgruppe verbunden wird, auch zu erkennen ist. Entziehen Sie sich jedoch dem reinen Preiswettbewerb, der nur zu Gewinnrückgang und sinkenden Erträgen führt und so das Unternehmensergebnis schmälert. Bieten Sie Ihre Produkte oder Dienstleistungen also niemals „billig" an. Der Preis ist zwar ein bestimmendes, aber nicht allein entscheidendes Kriterium für die Kaufentscheidung des Kunden.

Tipp

Achten Sie darauf, dass Ihr Produkt- und Leistungsprogramm nicht mit einer Vielzahl von Konkurrenzprodukten kollidiert und in einem bereits besetzten Markt kaum Absatzchancen hat. Belegen Sie eine Marktnische, die Ihnen auch ausreichende Umsätze ermöglicht. Achten Sie beim Aufbau Ihres Sortiments auf den Kundengeschmack. Ergänzen Sie Ihr Programm mit Angeboten, die auch zukünftig noch nachgefragt werden. Trennen Sie sich aber auch von „Ladenhütern", die kaum Umsätze bringen und nur Mittel binden, die anderweitig besser und gewinnbringender eingesetzt werden könnten.

Preispolitik

Die grundsätzliche Frage muss lauten: Wie ermittle ich den optimalen Preis? Der Preis für das Produkt oder die Dienstleistung muss auf der einen Seite eine angemessene Gewinnmarge ermöglichen, andererseits darf er nicht so hoch sein, dass die Wettbewerbsfähigkeit nicht mehr gegeben ist.

Bei der Preisbildung muss immer beachtet werden, dass der Verkaufspreis und die Angebotsmenge, insbesondere in stark vom Wettbewerb geprägten Märkten, eng miteinander verbunden sind. Grundsätzlich kann davon ausgegangen werden, dass ein hoher Preis einen geringen Absatz nach sich zieht. Kommt der Unternehmer in bereits von Wettbewerb geprägte Märkte, so muss er davon ausgehen, dass sich bereits ein Marktpreis gebildet hat, der Orientierungsmaßstab für den Neueinsteiger ist. Also stellt sich für den Unternehmer die grundsätzliche Frage: Will ich in das Niedrigpreissegment, in ein mittleres Preisniveau oder in den hochwertigen Produktbereich, mit einem entsprechenden Preisniveau, einsteigen?

Bei der Preispolitik muss also beachtet werden, was die eigene Kalkulation für Spielräume erlaubt und welche Preispolitik die Konkurrenz betreibt. Rabatte, Zahlungs- und Lieferbedingungen sind darüber hinaus wichtige Teilfaktoren der Preisgestaltung.

Die Entscheidung, inwieweit die Preisbildung ein geeignetes Mittel der Absatzpolitik eines Unternehmens ist, wird weitgehend durch die Stellung am Markt und das Ausmaß der Konkurrenz bestimmt. Bei starker Konkurrenz besteht nur geringer Spielraum für eine selbstständige Preisfestsetzung durch den Unternehmer. Grundsätzlich wird der Marktpreis durch das Verhältnis von Angebot und Nachfrage bestimmt.

Jedes Produkt durchläuft bestimmte Lebensphasen (Produktlebenszyklus), ebenso unterliegt die Preispolitik ständigen Veränderungen. Die Ursachen hierfür sind:

- Produkte veraltern
- Neue Produkte werden von den Mitbewerbern auf den Markt gebracht
- Die Präferenzen der Kunden verändern sich

Zwei Bereiche der Preisentscheidung sind besonders wichtig:

Erstens: Preise bei innovativen Produkten

Die Abschöpfungspolitik steht im Vordergrund. Der Kunde ist bereit, den hohen Einführungspreis für das innovative Produkt zu akzeptieren. Danach kann der Preis der veränderten Konkurrenzsituation schrittweise angepasst werden.

Zweitens: Preise in etablierten Wettbewerbsmärkten

Der Preis für ein Produkt, das auf Konkurrenzprodukte im Markt trifft, wird relativ gering angesetzt, um so eine möglichst schnelle Marktdurchdringung zu erreichen. In späteren Phasen kann der Preis dann flexibel der jeweiligen Konkurrenzsituation angepasst werden. Die Preise müssen in jedem Fall in das jeweilige Konkurrenzumfeld und damit in die festgefügten Preisstrukturen des Marktes passen.

Existenzgründer legen ihre Preise oftmals willkürlich fest. Sie vernachlässigen eine exakte Preiskalkulation. Fixe Kosten fallen immer an. Sie müssen durch entsprechende Einnahmen gedeckt werden, ganz gleich wie die Auftragssituation des Unternehmens aussieht. Variable Kosten hängen dagegen von der Auftragslage ab. Sie steigen und fallen mit dem Grad der Auslastung.

Für die Preiskalkulation sind drei Faktoren von Bedeutung: 1. Kostensituation, 2. Konkurrenzangebote und 3. Angebots- und Nachfragesituation im Markt.

Erstens: Die Preise sollen die Kosten decken

Zuerst muss festgestellt werden, welche Kosten im Betrieb entstehen. Diese Kosten müssen in das Produkt einkalkuliert werden. Dazu kommt noch ein Anteil, der den Gewinn abdecken muss. Kostenpreise sind jedoch in einer stark wettbewerbsorientierten Marktsituation nur noch schwer zu realisieren. Nur Unternehmen, die eine starke Marktstellung einnehmen, können ihre Preise entsprechend ihrer Kostensituation und ihrer Gewinnerwartung anbieten. Setzen Sie den Preis entsprechend Ihrer Kostenkalkulation zu hoch an, so können Sie eventuell Ihre Produkte am Markt nicht verkaufen, da die Preise der Konkurrenz günstiger sind. Auf der anderen Seite kann die reine Markt- be-

ziehungsweise Konkurrenzorientierung dazu führen, dass Sie Ihre Gewinnprognosen nicht mehr realisieren können.

Zweitens: Konkurrenzfähige Preise

Der Marktpreis ist der wichtigste Faktor für die Preisermittlung. Er allein entscheidet darüber, ob das Produkt beziehungsweise die Dienstleistung abgesetzt werden kann. Um hier dennoch Gewinne erzielen zu können, sind zwei Möglichkeiten praktikabel: erstens Einstieg in eine Zielgruppe, die den höheren Preis akzeptiert, und zweitens die Reduzierung der Kosten durch ein konsequentes Kostenmanagement.

Drittens: Angebots- und Nachfragesituation

Angebot und Nachfrage bestimmen in der Marktwirtschaft den Preis. Dieser Steuerungsmechanismus bewirkt, dass sich Preise entsprechend der Nachfrage nach Produkten auf ein vom Verbraucher akzeptiertes Niveau einpendeln. Er bewirkt auch, dass überhaupt ein Angebot auf den Markt kommt, das vom Anbieter, aufgrund der Nachfrage, auch abgesetzt werden kann. Das heißt, für ein Angebot, das auf große Nachfrage stößt, ist der Preis in aller Regel hoch. Umgekehrt gilt auch: Ist die Nachfrage nur gering, so wird der Preis für ein Produkt eher niedrig sein.

Distributionspolitik

Die Distributionspolitik zählt zu den absatzpolitischen Instrumenten eines Unternehmens. Sie beinhaltet alle Entscheidungen und Maßnahmen, die den Vertrieb eines Produktes vom Hersteller hin zum Endverbraucher betreffen. Primäre Aufgabe der Distributionspolitik ist, den Absatz von Produkten zu organisieren, Entscheidungen über die wirtschaftlichsten Absatzwege festzulegen und über die Auswahl der besten Vertriebskanäle und Vertriebssysteme zu entscheiden. Bei den Absatzwegen kann zwischen *direktem Absatz* (vom Hersteller direkt zum Kunden) und *indirektem Absatz* (vom Hersteller über den Händler an den Endverbraucher) oder auch einer Kombination aus beiden Varianten gewählt werden.

Die grundsätzliche Frage zur Wahl der Absatzwege lautet immer: Wie kann das Unternehmen seine Produkte am kostengünstigsten zum Kunden bringen? Ob der direkte Absatz durch Verkaufsniederlassungen, Verkaufsbüros und eigene Reisende dem indirekten Absatz, der noch Zwischenhändler (Groß- und Einzelhandel) benötigt, oder auch mit so genannten Absatzmittlern (Handelsvertreter, Kommissionäre, Handelsmakler) günstiger ist, kann nur individuell nach Finanzkraft des Unternehmens entschieden werden und hängt auch wesentlich von dem jeweiligen Produktangebot ab. Darüber hinaus muss festgestellt werden, wie die physikalische Warenverteilung funktionieren soll. Hier werden Fragen gestellt zur Logistik des Vertriebes. Die Fragen beziehen sich auf Lagerhaltung, Transportmittel und Transportwege sowie den generellen Lieferservice.

Direkter Absatzweg

Der Hersteller verkauft über Verkaufsniederlassungen beziehungsweise Verkaufsbüros direkt an den Endverbraucher. Zum Direktabsatz gehören auch so genannte Reisende, die rechtlich gesehen Handlungsgehilfen sind. Sie sind festangestellte Mitarbeiter und sind ein Teil der Verkaufsorganisation. Ihre Aufgabe besteht insbesondere darin, Waren zu präsentieren, Verkaufsabschlüsse vorzubereiten, Reklamationen entgegenzunehmen sowie die Kontakte mit dem Kundenstamm des Unternehmens zu pflegen. Für seine Leistungen erhält der Reisende ein festes Gehalt, Provision und Spesen.

Als besonderer Vorteil kann beim direkten Absatz der enge Kontakt zum Kunden und die Beratung durch firmeninterne Fachleute angesehen werden. Nachteile sind in der kostenintensiven Lagerhaltung und einem eventuell aufgeblähten Vertriebsapparat zu sehen.

Indirekter Absatzweg

Weitaus die meisten Produkte werden nicht direkt, sondern indirekt über selbstständige Händler (Groß- und Einzelhändler) und selbstständige Absatzmittler (Handelsvertreter, Kommissionäre) abgesetzt. Für den indirekten Absatz sprechen der relativ geringe Aufwand in der Warenverteilung, der flächendeckende Zugang zu den Abnehmerkreisen und die speziellen Kundenkontakte der Händler und Absatzmittler.

Besonderheiten der Absatzmittler

Handelsvertreter

Handelsvertreter ist, wer als selbstständiger Gewerbetreibender ständig damit betraut ist, für einen anderen Unternehmer Geschäfte zu vermitteln oder in dessen Namen abzuschließen. Der Handelsvertreter schließt mit seinem Auftraggeber einen Agenturvertrag, in dem entsprechende Vereinbarungen enthalten sind. Der Handelsvertreter hat nach dem HGB Pflichten und Rechte. Zu seinen Pflichten gehört, dass er sich um die Vermittlung oder den Abschluss von Geschäften bemüht und die Interessen des Auftraggebers wahrt. Der Handelsvertreter hat Anspruch auf eine Abschlussprovision, die er für alle Aufträge erhält, die durch ihn vermittelt und abgeschlossen werden.

Kommissionäre

Kommissionäre sind selbstständige Kaufleute, die im eigenen Namen auf fremde Rechnung des Auftraggebers tätig sind. Grundlage ist der so genannte Kommissionsvertrag zwischen dem Kommissionär und dem Auftraggeber. Ist das Geschäft ausgeführt, so erhält der Kommissionär eine Provision. Da der Kommissionär das Recht hat, die unverkaufte Ware nach einer gewissen Frist zurückzugeben, bleibt das Absatzrisiko beim Hersteller.

Kommunikationspolitik

Die zentrale Aufgabe der Kommunikation im Rahmen des *Marketing-Mix* besteht darin, ein unverwechselbares Angebot zu formulieren und im Gedächtnis der Kunden zu verankern. Man spricht von der Positionierung eines Produkts, einer Marke oder eines Unternehmens. Gut positionierte Produkte hinterlassen beim Konsumenten also immer einen positiven Eindruck. Der wichtigste Leitsatz für die Positionierung lautet deshalb: Nehmen Sie die Sicht des Kunden ein. Das Bessere muss für den Kunden sofort verständlich, einprägsam und natürlich von Bedeutung sein. Zugleich muss sich Ihre Positionierung erkennbar von jener der Konkurrenz abheben. Nur so werden die Kunden den Zusatznutzen, den Sie ihnen bieten, im Gedächtnis auch mit dem Namen Ihres Produkts oder Ihrer Firma verbinden und letztlich Ihr Produkt kaufen.

Weil die Positionierung für den Markterfolg so entscheidend ist, sollten Sie diesem Aspekt viel Aufmerksamkeit widmen. Die überzeugende Positionierung Ihres Angebotes wird Ihnen nicht auf Anhieb gelingen sondern eine intensive Auseinandersetzung erfordern und immer wieder überarbeitet werden müssen, bis sie überzeugt.

Werbung

Der Bekanntheitsgrad Ihres Unternehmens und der von Ihnen angebotenen Produkte oder Dienstleistungen lässt sich durch gezielte Werbemaßnahmen steigern.

Durch den gezielten Einsatz der einzelnen Werbeinstrumente können Sie die Leistungsfähigkeit Ihres Unternehmens herausstellen.

Planen Sie Ihren Werbeetat so, dass Sie ein optimales Aufwands-Leistungs-Verhältnis erreichen. Besonderen Wert sollten Sie auf eine umfangreiche Eröffnungswerbung legen. Die Möglichkeiten dazu sind vielfältig: Anzeigen oder Beilagen in Tageszeitungen oder Stadtteilanzeigern, Handzettel beziehungsweise Wurfsendungen, die in die Briefkästen der Haushalte im Einzugsgebiet verteilt oder den Passanten an belebten Plätzen in die Hand gegeben werden, usw. Werben Sie entsprechend der Größe Ihres Unternehmens. Vermeiden Sie dabei Streuverluste durch unsinnige Werbeaktionen.

> **Tipp**
>
> Werbung bedeutet grundsätzlich, durch gezielte Maßnahmen den umworbenen Menschen zu einem bestimmten Handeln zu bewegen. Der Umworbene soll durch die Werbemaßnahme veranlasst werden, sich für ein Produkt oder eine Dienstleistung zu entscheiden.

Im so genannten *Marketing-Mix* spielt die Werbung eine herausragende Rolle. Werbung muss auf eine psychologisch positive Art auf den Umworbenen wirken.

Die Hauptaufgaben der Werbung sind darin zu sehen, den potenziellen Kunden beziehungsweise Kundengruppen zu informieren, zu überzeugen und zu gewinnen. Der Verkauf soll durch die Werbung vorbereitet und der

potenzielle Käufer auf ein Produkt oder eine Dienstleistung positiv eingestimmt werden. Für den Kleinbetrieb steht nicht die Imagewerbung im Vordergrund, sondern vielmehr die unmittelbare Kundengewinnung.

AIDA-Werbeformel

Die Werbewirksamkeit hängt davon ab, ob es gelingt, den Umworbenen zum Kaufentschluss zu veranlassen. Nach der *AIDA-Formel* läuft erfolgreiche Werbung in folgenden vier Stufen ab:

Attention = *Aufmerksamkeit des Kunden gewinnen*
Interest = *Produktinteresse wecken*
Desire = *Besitzwunsch des Kunden am Produkt entwickeln*
Action = *Kaufhandlung des Kunden erreichen*

Auf den Umworbenen wirken verschiedene Faktoren ein, die den Kaufentschluss herbeiführen sollen. Um dies zu erreichen, muss Folgendes beachtet werden:

- Werbung muss Aufmerksamkeit erregen.
- Werbung muss wahrgenommen werden.
- Werbung soll durch ständige Wiederholung im Gedächtnis haften bleiben.
- Werbung soll die Fantasie des Umworbenen anregen und seine Gefühle ansprechen.

Werbebotschaften müssen nachhaltig im Gedächtnis des Kunden verankert werden

Für Ihren unternehmerischen Erfolg ist entscheidend, ob Sie innerhalb eines überschaubaren Zeitraums Ihr Unternehmen und die Leistungspalette bei der von Ihnen umworbenen Zielgruppe bekannt machen können. Dazu ist es notwendig, diese Zielgruppe richtig, das heißt mit den geeigneten Werbemitteln und Werbebotschaften anzusprechen. Machen Sie potenzielle Kunden auf Ihr Leistungsangebot aufmerksam und wecken Sie den Bedarf, indem Sie den Kundennutzen gezielt herausstellen. Achten Sie darauf, dass Ihr Untenehmen in die Gesamtwerbung mit eingebettet und dadurch ein positives Firmenimage aufgebaut wird. Ein gleich bleibendes Erscheinungsbild erhöht auf jeden Fall den Erinnerungswert und Bekanntheitsgrad. Lassen Sie sich auch ein Firmenlogo entwerfen, mit dem Sie in der Öffentlichkeit werbewirksam auftreten.

Werbung benötigt den Wiederholungseffekt, um den potenziellen Kunden für sich beziehungsweise die umworbene Ware zu gewinnen. Nur wer regelmäßig für seine Produkte oder seine Dienstleistungen wirbt, kann davon ausgehen, dass die Werbebotschaften langfristig beim Verbraucher haften bleiben.

Nach dem Wirtschaftlichkeitsprinzip Werbung zu betreiben, heißt nicht, auf werbliche Maßnahmen weitgehend zu verzichten, um Kosten zu sparen. Dies wäre sicherlich der falsche Weg, denn: *„Werbung kostet Geld, nicht werben kostet Kunden!"*. Auch mit einem kleinen Werbeetat kann viel erreicht werden, wenn die Werbung zielorientiert, originell und aussagekräftig durchgeführt wird.

Um erfolgreich Werbung durchführen zu können, sollten folgende Grundsätze beachtet werden:

Werbung muss Wirkung zeigen
Werbung, die keinen Erfolg nach sich zieht, ist sinnlos. Sie muss daher geplant und kontrolliert werden.

Werbung muss der Wahrheit entsprechen
Werbung muss Vertrauen zum Werbenden, zu seinen Produkten und Dienstleistungen schaffen. Es soll nichts versprochen werden, was nicht gehalten werden kann. Behauptungen, die keinen wahren Hintergrund besitzen, sollten daher unbedingt vermieden werden. Sie beeinträchtigen lediglich die Werbewirksamkeit und schaden dem Unternehmen.

Werbung muss klar sein
Werbung und die damit verbundenen Aussagen sollten für die Umworbenen leicht verständlich, deutlich und einprägsam sein.

Werbung muss nach dem Grundsatz der Wirtschaftlichkeit geplant und durchgeführt werden
Die Ausgaben für Werbung müssen sich nach dem Wirtschaftlichkeitsprinzip richten. Das heißt, der Werbende muss mit einem möglichst geringen Aufwand einen optimalen Erfolg erzielen können.

Werbung muss sich einheitlich darstellen

Die unterschiedlichen Einzelmaßnahmen müssen gut aufeinander abgestimmt sein, sodass der Umworbene die Einheitlichkeit der Werbemaßnahmen erkennen und folglich verinnerlichen kann.

Definieren Sie Ihre Werbeziele

Werbeziele müssen definiert werden, um den bestmöglichen Erfolg aus den durchgeführten Werbemaßnahmen zu garantieren. Das oberste Ziel ist dabei immer, den potenziellen Kunden so anzusprechen, dass er sich für das angebotene Produkt beziehungsweise die Dienstleistung interessiert und sich schließlich durch den Kauf dafür entscheidet. Darüber hinaus gibt es weitere Werbeziele:

- Information des Verbrauchers über die Produkt- und Dienstleistungspalette des Unternehmens
- Gewinnung neuer Kunden
- Festigung des Kundenstammes
- Rückgewinnung der zur Konkurrenz abgewanderten Kunden
- Erhöhung des Warenumschlages und damit des Umsatzes
- Räumungsverkauf vorhandener Warenbestände, um neue beziehungsweise modernere Waren platzieren zu können
- Allgemeine Informationen potenzieller Kundengruppen über das Waren- und Dienstleistungsangebot
- Verkaufsunterstützung für den Außendienst

- Gegenaktionen zur Werbung der Mitbewerber
- Aufbau eines positiven Produktimage durch ständige Marktpräsenz

Warum Werbung wichtig ist

Durch Werbung können Sie für Ihr Produkt oder Ihre Dienstleistung bei den Verbrauchern, insbesondere bei Ihrer Zielgruppe, Aufmerksamkeit erzeugen und einen Bekanntheitsgrad aufbauen. Dies ist heute wichtiger denn je. Wegen der Vielzahl von Produkten und Dienstleistungen ist es für den Konsumenten schwierig beziehungsweise fast unmöglich, sich einen Überblick über das gesamte auf dem Markt vorhandene Angebot zu verschaffen und alle Informationen aufzunehmen sowie zu verarbeiten.

Das Überangebot an Produkten führt auch zu einem starken Verdrängungswettbewerb. Die Produkte sind technisch ausgereift, wirkliche Neuheiten sind nur noch in begrenztem Umfang möglich und können von der Konkurrenz schnell nachgeahmt werden. Die geringen Qualitätsunterschiede führen zu einer weitgehenden Austauschbarkeit vieler Produkte. Bei gängigen Angeboten wie zum Beispiel Kühlschränken oder auch Versicherungen sind Unterschiede kaum noch zu erkennen.

Die Werbung kann dazu beitragen, dass sich das von Ihnen angebotene Produkt oder die Dienstleistung in den Augen der Konsumenten anders darstellt und bewertet wird als die Angebote der Mitbewerber, obwohl die Unterschiede zum Konkurrenzprodukt objektiv kaum wahrnehmbar sind. Werbung rückt heute nicht die Produktqualität in den Mittelpunkt ihrer Werbeaussagen, denn damit kann der Konsument heute kaum noch überzeugt werden. Stattdessen erhalten emotionale Aspekte eine immer größere Bedeutung. Durch Werbung werden heute verstärkt Marken aufgebaut, die stark emotional auf den Verbraucher wirken und durch ihre Bekanntheit beim Konsumenten Vertrauen schaffen.

Welche Aufgabe Werbung erfüllen soll

Primäre Aufgabe der Werbung ist, Produkte und Dienstleistungen dem Verbraucher bekannt zu machen. Werbung soll den Verbraucher informieren, dass ein neues Produkt beziehungsweise eine neue Dienstleistung im Markt platziert werden soll. Das gilt insbesondere auch dann, wenn Innovationen auf den Markt kommen. Eine weitere wichtige Aufgabe ist darin zu sehen, den Verbraucher auf der emotionalen Ebene zu beeinflussen und für das Angebot Präferenzen zu entwickeln, die letztendlich dazu führen sollen, dass der potenzielle Kunde sich für das beworbene Produkt beziehungsweise die Dienstleistung entscheidet.

Warum Werbung auf den Verbraucher wirkt

Die wichtigste Aufgabe der Werbung ist, den Verbraucher zum Kauf des Produkts beziehungsweise der Dienstleistung zu bewegen. Die Werbung ist jedoch nur ein wichtiger Faktor, den Kauf herbeizuführen. Genauso wichtig sind die fachliche Beratung

durch den Händler und Empfehlungen durch Verwandte und Bekannte des potenziellen Käufers. Das Produkt- und Firmenimage ist ebenfalls ein nicht zu unterschätzender Faktor, wenn der Verbraucher positiv auf das Produkt eingestimmt werden soll.

Die Wirkung der Werbung unterliegt Prozessen, die im Unterbewussten des Menschen verankert sind. Es laufen im Unterbewussten Prozesse ab, die vom Verstand nicht gesteuert werden können. Dabei spielt die Wahrnehmung einer Werbebotschaft eine entscheidende Rolle, wenn der Verbraucher mit seinen Bedürfnissen und Wünschen getroffen und auf das Werbeangebot positiv eingestimmt werden soll. Die selektive Wahrnehmung einer Werbebotschaft hat entscheidenden Einfluss darauf, ob der Umworbene sich für ein Produkt oder eine Dienstleistung interessiert und somit einen Besitzwunsch aufbaut, der letztendlich zum Kaufentscheid führen wird.

Eine wahrgenommene Information wird zuerst im Kurzzeitgedächtnis gespeichert und dann ins Langzeitgedächtnis transportiert. Wichtig für den langfristigen Werbeerfolg ist also, dass die Werbesequenzen und Werbebotschaften so angelegt sind, dass sie im Langzeitgedächtnis verankert werden und somit jederzeit abrufbar sind. Grundsätzlich gilt: Je öfter der Kunde mit einer Werbebotschaft konfrontiert wird, umso länger ist diese Botschaft abrufbereit. Voraussetzung ist jedoch, dass die Werbebotschaft für den Verbraucher eine positive Aussage und damit einprägende Wirkung hat, sonst wird sie von ihm nicht angenommen und langfristig gespeichert.

> ### ■ Tipp
> Die beste und preisgünstigste Werbung sind Referenzen, die von zufriedenen Kunden weitergegeben werden. Versuchen Sie deshalb, Ihre Kunden auf allen Ebenen Ihres Produkt- und Dienstleistungsangebotes zufrieden zu stellen. Entwickeln Sie Ihr Unternehmen und damit auch Ihre Angebote weiter. Ständige Verbesserung der Qualität und Ausführung ziehen den Erfolg nach sich. Empfehlungen Ihrer Leistungen sind die Folge.

Werben Sie im richtigen Medium

Die Wahl des Werbemediums hängt entscheidend davon ab, ob Sie einen fest umrissenen Kundenkreis ansprechen wollen, der Ihnen eventuell schon bekannt ist, oder ob Sie sich an einen anonymen Kundenkreis richten, der bisher nicht klar definiert ist. Anschließend sind einige wichtige Werbemittel und Werbeträger aufgelistet, die für den Existenzgründer, das heißt für seine Einstiegswerbung, von besonderer Bedeutung sind. Dabei sollte darauf geachtet werden, dass nicht das einzelne Werbemedium die beste Werbewirkung nach sich zieht, sondern die Kombination der einzelnen Werbemittel und Werbeträger.

▓ Anzeigen in Tageszeitungen

Anzeigen in Tageszeitungen erreichen ein großes Publikum. Erhebliche Streuverluste ergeben sich allerdings, wenn die Zielgruppe in einem sehr begrenzten Gebiet wohnt. Wichtig ist, dass das Verbreitungsgebiet mit dem Gebiet der Zielgruppe übereinstimmt.

Regelmäßige Kleinanzeigen bringen größeren Werbeerfolg als eine große einmalige Anzeige. Die Werbung in Zeitungen bietet eine Reihe von Vorteilen: Werbung kann kurzfristig eingesetzt werden, es lassen sich relativ schnell viele Kontakte aufbauen, Zeitungen verfügen über eine hohe Akzeptanz beim Leser, sie sind immer aktuell und werden als zentrales Informationsmedium angesehen. Der besondere Nachteil liegt in der Kurzlebigkeit der Tageszeitung. Zeitungen von gestern werden kaum nochmals durchgesehen.

▓ Anzeigenblätter

Wenn die Zielgruppe in einem sehr begrenzten Gebiet wohnt, ist es eventuell vorteilhafter und auch preiswerter, in Anzeigenblättern zu werben. Sie werden in einem sehr begrenzten Gebiet oder – wie dies in größeren Städten üblich ist – in einzelnen Wohnvierteln direkt in die Briefkästen der Haushalte verteilt. Der besondere Vorteil der Anzeigenblätter ist insbesondere darin zu sehen, dass sie aufgrund des geringen Seitenumfangs intensiver gelesen werden und deshalb mehr Aufmerksamkeit erreichen. Ein weiterer wesentlicher Vorteil liegt in der kostengünstigen Schaltung der Anzeige. Das ermöglicht insbesondere dem Existenzgründer mit einem in der Regel kleinen Werbeetat, kostengünstig viele Anzeigen hintereinander zu schalten. Eine Vielzahl kleinerer Anzeigen hat eine größere und langfristigere Werbewirkung als eine große.

Prospekte und Wurfzettel

Der Prospekt ist besonders geeignet, wenn Sie Ihren Kunden direkt ansprechen wollen. Er soll sachlich unterrichten, aber gleichzeitig durch sein äußeres Erscheinungsbild die Aufmerksamkeit auf Ihr Angebot richten. Darüber hinaus sollte er so gestaltet sein, dass die Kaufbereitschaft des Lesers beeinflusst wird. Dies gilt auch für Wurfzettel, die ganz gezielt in den Haushalten verteilt werden und den Empfänger über kurzfristige, günstige Angebote informieren sollen. Besonders wichtig ist auch hier eine attraktive Gestaltung, die den Leser zur Aufmerksamkeit verleitet und sein Interesse weckt.

Werbebriefe

Der erste Eindruck sollte sehr persönlich wirken. Er sollte durch ein entsprechendes äußeres Erscheinungsbild in einer lebendigen, frischen und lebensnahen Sprache die Aufmerksamkeit des Lesers gewinnen. Durch die persönliche Ansprache des Lesers vermittelt der Werbebrief den Eindruck, dass er auf ihn persönlich zugeschnitten ist. Informieren Sie den Kunden sachlich über Ihr Angebot. Verschicken Sie den Brief nicht als Massendrucksache.

Weitere wichtige Faktoren der Kundengewinnung

Verkaufsförderung (Sales Promotion)

Eine unterstützende Funktion der Absatzwerbung hat die Verkaufsförderung (Sales Promotion). Die Zielgruppen der Verkaufsförderung sind die eigene Vertriebsorganisation, die Absatzmittler (Handelsvertreter, Kommissionäre) und die Endabnehmer. Ziel der Verkaufsförderung ist es, das Produkt beziehungsweise die Dienstleistung an den Kunden zu bringen. Hier unterscheidet sie sich von der Werbung, deren Aufgabe es ist, den potenziellen Kunden zum Kauf zu motivieren.

Im Wesentlichen gehören zu den Verkaufsförderungsmaßnahmen: günstige Platzierung der eigenen Waren im Einzelhandel, Einsatz von Display-Materialien am Ort des Verkauf, darüber hinaus auch das Verkäufertraining im Hinblick auf neue Produkte und Dienstleistungen, Verkaufswettbewerbe sowie die Bereitstellung von Verkaufspropagandisten.

Public Relations (PR)

Im Mittelpunkt der Öffentlichkeitsarbeit steht nicht ein Produkt des Unternehmens, sondern das ganze Unternehmen. Ziel der PR-Maßnahmen ist vor allem die Imagepflege des Unternehmens in der Öffentlichkeit. Darüber hinaus soll die positive Darstellung nach außen auch Wirkung nach innen zeigen: Die Mitarbeiterinnen und Mitarbeiter des Unternehmens sollen ein „Wir-Gefühl" entwickeln und so soll die Motivation gesteigert werden. Ein besonderes Interesse gilt bei den PR-Aktivitäten so genannten Meinungsführern oder Mulitplikatoren (zum Beispiel Medienvertreter).

Corporate Identity

Unter Corporate Identity versteht man das einheitliche Erscheinungsbild eines Unternehmens, unter dem es nach außen hin in Erscheinung tritt. Das Unternehmen soll in der Öffentlichkeit (Kunden, Lieferanten, Behörden und andere) als unverwechselbare „Persönlichkeit" wahrgenommen werden. Es soll sich auch gegenüber der Konkurrenz wirksam abheben. Ein einheitlicher, unverwechselbarer Stil mit einem einprägsamen Firmensignet soll den Marktpartnern des Unternehmens ein abgerundetes Firmenimage signalisieren und Vertrauen in die Produkte beziehungsweise Dienstleistungen schaffen. Das Firmenlogo sollte in allen Marketing- beziehungsweise Werbemaßnahmen werbewirksam eingesetzt werden. Daraus soll sich ein strategischer Wettbewerbsvorteil ergeben, der das Unternehmen darin unterstützt, eine positive und vertrauensvolle Beziehung zu den entsprechenden Marktteilnehmern, insbesondere den Kunden, aufzubauen. Im Sinne der CI sollten das Geschäftsdesign sowie Briefbögen und Rechnungsformulare einheitlich gestaltet sein. Wie bereits erwähnt, ist dies durch ein einprägsames Signet und einheitliche Unternehmensfarben am besten gewährleistet.

 Tipp

Wirtschaftlich mit den vorhandenen finanziellen Mitteln umgehen heißt nicht, „am falschen Ende" sparen. Werbung ist für jedes Unternehmen grundlegend wichtig, um langfristig überleben zu können. Woher sollte denn ein potenzieller Kunde wissen, was Sie anbieten und welche Vorteile Ihr Angebot für ihn hat? Sie sollten jedoch Ihren Werbeetat so planen, dass er in einem wirtschaftlichen Verhältnis zu Ihren finanziellen Möglichkeiten steht. Nicht die Höhe der finanziellen Mittel ist für den Werbeerfolg entscheidend, sondern wie Werbung gemacht wird. Mit Fantasie und Zielklarheit lassen sich auch bei einem geringen Werbeetat gute Erfolge erzielen. Auch mit einem relativ kleinen Werbeetat können Existenzgründer erfolgreich sein, wenn die Werbung pfiffig, originell, einprägsam und klar zielgruppenorientiert ist.

5. Instrumente der Kundengewinnung

Die Kundengewinnung hat absolute Priorität

Existenzgründer sollten in erster Linie für ihre Kunden da sein und ihre Energien für die Marktbearbeitung bündeln. Es gibt während der Existenzgründungs- und Existenzaufbauphase viel zu tun, aber nichts ist so wichtig wie neue Kunden zu akquirieren und zufriedene Kundenbeziehungen aufzubauen. Der Unternehmer lebt nun einmal vom Geld seiner Kunden. Nur bei entsprechenden Umsätzen und Gewinnen kann er sein Personal bezahlen, die laufenden variablen und fixen Kosten decken und sich selbst einen „Unternehmerlohn" genehmigen. Sie sollten sich deshalb immer im Klaren darüber sein, was der Kunde für Sie bedeutet. Verinnerlichen Sie seine Bedeutung für den Bestand Ihres Unternehmens und entwickeln Sie mit Ihren Mitarbeitern zusammen Grundsätze, die im Umgang mit den Kunden unbedingt eingehalten werden müssen.

Grundsätze als Leitsterne können sein:
▓ Die professionelle Betreuung Ihrer Kunden und die Schaffung einer Kundenzufriedenheit mit Produkt und Serviceleistungen ist Zweck und Lebensgrundlage des Unternehmens.
▓ Der Kunde hat Bedürfnisse und Wünsche, die er realisieren will, er kauft nicht das Produkt, sondern den Nutzen, der ihm hilft, seine Probleme zu lösen.

▓ Der Kunde hat ein Recht auf Information über Vorteile, aber auch über Mängel des Produkts, um seine Sicherheitsbedürfnisse zu befriedigen.
▓ Das Wohl und Wehe des Kunden hängt nicht von Ihnen und Ihren Produkten ab; er kann im stark wettbewerbsorientierten Markt unter verschiedenen Angeboten wählen und ist somit in einer starken Position.
▓ Der Kunde ist ein Teil der Marktteilnehmer – der wichtigste allerdings! Er wird diese Position aufgrund eines immer leichter werdenden Zugangs zu Informationen, die Vergleiche ermöglichen, stark ausbauen. Der Kunde wird weiter an Marktmacht gewinnen.
▓ Der Kunde hat (fast) immer Recht! Stellen Sie deshalb sowohl Ihre Serviceleistungen als auch Ihre Mitarbeiter darauf ein, diesem Anspruch gerecht zu werden.

Basisfaktoren einer erfolgreichen Marktbearbeitung

Totale Kunden- und Marktorientierung ist die Grundlage für den Markterfolg
Totale Kunden- und Marktorientierung ist deshalb eine weitere wichtige Regel für Ihren Start in die Selbstständigkeit. Alles Denken und Handeln muss sich um Ihre Kunden, um die optimale Bedienung ihrer Wünsche und Bedürfnisse drehen. Kümmern Sie sich um Ihre Kunden, leisten und bieten Sie etwas mehr als die Konkurrenz. Verabschieden Sie sich deshalb von der Masse der Wettbewer-

ber, entsagen Sie der Mittelmäßigkeit des Standardangebotes, denn ohne ausreichende Differenzierung von den Konkurrenzangeboten werden Sie niemals ein gutes Ergebnis erzielen können.

Es ist nur wichtig, was der Kunde will
Lösen Sie sich gleichzeitig von der einseitigen Fixierung auf Ihre Geschäftsidee und auf Ihre Kompetenz. Immer wieder stellen Unternehmensberater fest, dass Unternehmer mit Gewalt an ihren Vorstellungen festhalten, ohne die Bedürfnisse und Anforderungen der Kunden genau zu kennen. Wenn Sie knapp am Markt vorbei agieren, wird der Wettbewerb in kürzester Zeit ohne Ihr Unternehmen stattfinden. Deshalb: Es zählt nicht, was Sie können, sondern nur das, was Ihre Kunden wollen!

Bei der Kundengewinnung ist allein ausschlaggebend, wie der Kunde beziehungsweise der potenzielle Kunde Ihr Angebot sieht und die Vorteile, sprich den Nutzen für sich erkennt, nicht, ob Sie Ihr Unternehmen und Ihr Angebot in den Mittelpunkt Ihres Interesses stellen. Die Sichtweise des Kunden ist das alleinige Kriterium, ob Sie im Markt erfolgreich agieren können. Beachten Sie, dass der Kunde Bedürfnisse hat, die er durch den Kauf eines Produktes beziehungsweise einer Dienstleistung stillen möchte. Die Kaufmotive sind sehr unterschiedlich und vielschichtig.

Einige Motive sind jedoch bei allen Menschen ähnlich angelegt: Grundsätzlich möchte jeder Kunde, der sein Geld „investiert" eine entsprechende Rendite, sprich einen Gewinn, erzielen, den er subjektiv für sich erkennt, wenn er ein günstiges Preis-Leistungs-Verhältnis findet. Er hat dann nach seinem persönlichen Empfinden ein „Schnäppchen" gemacht. Ein weiteres wichtiges Kaufmotiv ist der Sicherheitsaspekt: Der Kunde will durch den Kauf sein Bedürfnis nach Zuverlässigkeit und „smarter" Handhabung, die durch den Kauf des Produktes gegeben scheint, befriedigen. Rücken Sie diesen Aspekt besonders in den Vordergrund, wenn Sie Ihr Angebot formulieren. Auch die Zunahme von Prestige und Anerkennung durch den Produkterwerb kann darüber hinaus ein starkes Motive sein, das Wirtschaftsgut zu erwerben oder die Dienstleistung in Anspruch zu nehmen. Dazu kommen noch Spaß und Freude am Besitz des Produktes. Sicherheit, Gewinn, Freude und Anerkennung sind wichtige Grundmotive, die mehr oder weniger stark ausgeprägt in jedem Menschen verankert sind. Die Kunst des Verkaufens liegt letztendlich auch darin, *„Schlüsselreize"* beim Kunden zu aktivieren, um so den Kaufentscheid und Abschluss herbeiführen zu können.

Richten Sie Ihr Augenmerk auf den Aufbau eines Kundenstammes und der Kundenpflege

Die Kundenakquirierung ist in wettbewerbsorientierten Märkten, in denen eine stark ausgeprägte Konkurrenzsituation als Normalität empfunden und akzeptiert wird, die wichtigste, aber auch schwierigste Aufgabe und Herausforderung für jeden Unternehmer. Dies trifft natürlich in besonderem Maße auf den Existenzgründer zu, der sich ja erst einen Kundenstamm aufbauen muss. Stellen Sie sich darauf ein, dass Sie mehrere Jahre brauchen werden, bis ein für das Überleben des Unternehmens ausreichender Kundenstamm aufgebaut ist. Richten Sie Ihre Energie und Aufmerksamkeit auf die Bedürfnisse des Marktes und die Gewinnung von Kunden sowie eine ständige Kundenpflege. Andere Aspekte, wie Buchführung, Organisation oder auch steuerliche Aspekte, müssen klar in den Hintergrund treten. Auch wenn Sie ein fachlicher Experte (zum Beispiel in technischer Hinsicht) sind, ist dies nur als zweitrangig anzusehen, da das Überleben des Unternehmens primär von den Kunden gesichert wird und nicht in erster Linie von den fachlichen Qualitäten des Existenzgründers. Sie sollten die Verkaufstätigkeit niemals als lästige Pflicht ansehen, die als „notwendiges Übel" so beiläufig gemacht werden muss, die jedoch auf Ihrer Prioritätenliste irgendwo im Mittelfeld verschwindet und untergeht. Damit wäre bereits das Scheitern des Unternehmensaufbaus vorprogrammiert.

„Verbrennen" Sie kein Geld für unsinnige Ausgaben

Viele Unternehmer versuchen während der Aufbauphase, möglichst schnell und in kurzer Zeit Kunden zu akquirieren und einen Kundenstamm aufzubauen. Sie bedenken jedoch selten, dass sie durch das Sammeln von Erfahrungen ihr Angebot sukzessive an die Gegebenheiten und Veränderungen des Marktes anpassen und weiterentwickeln müssen. Das betrifft sowohl das Produkt beziehungsweise die Dienstleistung als auch

die dazugehörenden Serviceleistungen sowie das passende Know-how für Werbungs- und Verkaufsförderungsmaßnahmen. Leider muss festgestellt werden, dass viele Existenzgründer durch Unwissenheit, aufgrund von Informations- und Erfahrungsdefiziten während der Aufbauphase ihres Unternehmens, sehr viel Geld für Ausgaben „verbrennen", die nicht unmittelbar für den Bestand des Unternehmens wichtig sind.

Richten Sie sich auf „Durststrecken" bei der Kundengewinnung ein

An das Thema *Kundenakquisition* trauen sich Existenzgründer, die keine Primärerfahrung mit Verkaufsprozessen haben, aller Erfahrung nach nur sehr zögerlich heran, da es natürlich auch viel Mühe bereitet, Kunden zu akquirieren und einen Kundenstamm aufzubauen. Der Verkäufer benötigt als eine seiner wesentlichsten Eigenschaften viel Durchhaltevermögen und eine hohe Frustrationsschwelle, da in der Regel nur ein Bruchteil der Interessentenkontakte auch wirklich zum Erfolg führt. Nur durch das Versenden von Werbebriefen, Prospektmaterialien und die Übergabe von Visitenkarten kann jedoch kein Kundenstamm aufgebaut werden. Dazu bedarf es schon einer sehr intensiven und manchmal auch anstrengenden, mit System betriebenen Marktbearbeitung, um Verkaufserfolge tätigen zu können. Wird der Etat für die vertriebliche Seite des Unternehmens knapp, weil Geld anderweitig verwendet worden ist, so sind oftmals finanzielle Mittel für das weitere Unternehmenswachstum nicht mehr ausreichend verfügbar. Zusätzliche Mittel für weitere Markterschließungsmaßnahmen, um so das Wachstum des Unternehmens voranzutreiben zu können, sind dann sehr oft über die Hausbank nur noch schwer zu bekommen.

Sichern Sie die Finanzierung Ihrer Marktbearbeitung

Engpässe entstehen vor allem dann, wenn zusätzliche Sicherheiten, zum Beispiel um die Kreditlinie auf dem Kontokorrentkonto zu erhöhen, dem Kreditgeber nicht mehr zur Verfügung gestellt werden können. Der Unternehmensgründer kommt damit in eine „Finanzierungsfalle", die nicht selten zur Aufgabe der Selbstständigkeit führt. Mangelhafte Marktbearbeitung und eine nicht ausreichende Finanzdecke sind nicht von ungefähr die häufigsten Insolvenzursachen.

Um ein vorzeitiges Aus zu verhindern, muss sich der Unternehmensgründer bereits im Vorfeld der Gründung, also während der Planungsphase, intensiv mit allen Facetten des Marketings und hier besonders mit den Mechanismen des Verkaufs befassen. Damit kann er verhindern, dass, wie in oben beschriebener Weise, zeitliche und finanzielle Engpässe auftreten können, die das Gründungsvorhaben bereits während der Aufbauphase des neuen Unternehmens zunichte machen könnten.

Defizite in der Kundenakquisition können auch durch einen verkaufserfahrenen Partner ausgeglichen werden

Haben Sie als Unternehmer erhebliche Erfahrungs- und Wissenslücken auf dem Gebiet der Marktbearbeitung und Kundenakquisition, so ist es durchaus ratsam, das Unternehmen mit einem Partner zu gründen, der dieses Defizit ausgleichen kann, also von der vertrieblichen Seite ausreichende Kenntnisse mitbringt. Gründen Sie allein, so sollten Sie Mitarbeiter engagieren, die verkäuferisches Wissen und Fähigkeiten mitbringen, um so diese Lücke schließen zu können.

Der Zeitaufwand für Neuakquisition und Kundenpflege sollte sich die Waage halten

Wenn Sie während der Aufbauphase einen Kundenbestand aufgebaut haben, sollten Sie den Verkauf so organisieren, dass Sie Energie und Zeit gleichmäßig auf die Neuakquisition von Kunden und auf die systematische Bestandspflege verteilen. Alleine das Augenmerk auf die Gewinnung neuer Kunden zu legen, kann auch dazu führen, dass der bereits vorhandene Kundenbestand vernachlässigt wird und so Unzufriedenheit der Stammkunden die Folge ist. Damit wären alle bisherigen Anstrengungen, einen größeren Kundenstamm aufzubauen, hinfällig. Entscheidend ist, die richtige Balance zwischen Neuakquisition und Kundenpflege zu finden. Grundsätzlich gilt auch hier das Prinzip: Konzentration und Bündelung der Kräfte auf das Wesentliche!

Wege zum Kunden

Die Entwicklung einer Marketingstrategie beziehungsweise eines Marketingkonzeptes ist die eine wichtige Seite der Kundengewinnung, mindestens genauso wichtig ist die Umsetzung dieser Strategien. Es gibt viele Wege, Kunden zu gewinnen. Einer der ältesten, aber auch bewährtesten ist sicherlich der Kundenbesuch und damit das persönliche *Verkaufsgespräch*. Es ist immer noch ein erfolgreicher Weg, neue Kunden zu gewinnen. Vorteile sind darin zu sehen, dass man den Kunden und sein Umfeld kennen lernt, es lassen sich leichter Probleme erkennen und man kann unmittelbar eine Bedarfsanalyse durchführen. Auf der anderen Seite ist ein Kundenbesuch, im Verhältnis zu anderen Möglichkeiten, relativ teuer. Sinnvoll ist deshalb, den Kundenbesuch mit einem *Telefongespräch* zu verbinden, um so bereits im Vorfeld des persönlichen Gesprächs die Kundensituation zu sondieren und das Verkaufsgespräch konzentriert, mit den entsprechenden Unterlagen, straffen zu können. Ob ein konkreter Bedarf besteht, kann hier schon im Vorfeld geklärt werden. Natürlich können vor allem nicht erklärungsbedürftige Produkte auch per Telefon angeboten werden, ohne dass der Kunde besucht werden muss. Allerdings muss bei der telefonischen Akquisition darauf geachtet werden, dass diese Form der Kundenansprache rechtlichen Beschränkungen unterliegt. Wenn nicht bereits geschäftliche Kontakte zu den kontaktierten Privatpersonen oder Unternehmen bestehen, darf diese Kontaktmöglichkeiten nicht genutzt werden; dies gilt auch für Fax und E-Mail. Haben Sie allerdings vorher bereits Kontakte durch briefliche Informationen, so können Sie davon ausgehen, dass ein Einverständnis vorliegt. Wenn Sie diese Kontaktschiene nutzen dürfen, so können sich daraus einige wesentliche Vorteile ergeben: geringe Kontaktkosten, direktes Feedback des Kunden, unmittelbare Beeinflussung des Kunden durch geschickte Argumentation.

Sehr oft wird der Weg der schriftlichen Information gewählt. Das so genannte *Direktmarketing* ist dann sinnvoll, wenn das Produkt nicht zu teuer und die Informationen nicht zu umfangreich sind. Wie erwähnt, ist ein Werbe- und Informationsbrief dann durchaus Erfolg versprechend, wenn er einen Besuch vorbereitet oder wenn er als Vorinformation für ein Telefongespräch dienen soll. Denken Sie daran, wenn Sie eine Briefaktion durchführen, dass die Wegwerfquote relativ hoch ist. Direkte Bestellungen aufgrund der Aussendung können Sie nur in sehr geringem Umfang erwarten. Als Vorläufer für den Einsatz weiterer Instrumente wie Telefon und Kundenbesuch ist es sicherlich ein geeignetes Mittel, die ersten Kontakte zu knüpfen. Die Kontaktkosten sind relativ gering. Die Vorselektion der Adressen ist ein weiterer Pluspunkt, um Streuverluste zu vermeiden und dadurch Geld zu sparen.

Seit einigen Jahren hat die Ausbreitung des *Internets* voll Fahrt aufgenommen. Durch die Vernetzung ergeben sich gerade für kleinere Unternehmen intensive und vielseitige Informationsmöglichkeiten, die Produkte und Dienstleistungen im Internet anzubieten. Durch das Internet kann Geld und vor allem

Zeit gespart werden. Insbesondere die hohen Kontaktkosten für Telefon, Porto und Reisen lassen sich durch dieses Medium minimieren, und das ist ja ein wesentlicher Aspekt bei einem in der Regel relativ kleinen Etat, den Existenzgründer zur Verfügung haben. Neue Unternehmen können sich hier relativ kostengünstig mit einer eigenen Homepage im Markt präsentieren und so ihre Produkte beziehungsweise Dienstleistungen einem breiteren Interessentenkreis vorstellen.

Schließlich darf ein weiterer wichtiger Weg zum Kunden nicht übersehen werden: die *Messe*. Der Existenzgründer muss jedoch bedenken, wenn er diese Möglichkeit ins Auge fasst, dass die Messeteilnahme nicht in erster Linie dazu da ist, Kunden zu gewinnen, sondern potenzielle Kunden zu informieren und den Verkauf durch Präsentation und Informationsgespräche vorzubereiten. Grundsätzlich muss die Messeteilnahme gut organisiert und vorbereitet werden, um in der Phase der Nachbearbeitung zum Beispiel durch Besuch und Telefongespräche Aufträge zu erhalten.

Verkaufsgespräch

Verkaufen bedeutet, dass durch sachliches Argumentieren und durch positives, verbindliches Verhalten des Verkäufers der Kunde dazu bewegt wird, sich für das angebotene Produkt beziehungsweise die Dienstleistung zu entscheiden. Im Verkaufsgespräch zeigt sich letztendlich, ob die in der Vorverkaufsphase eingesetzten Marketinginstrumente richtig angewandt worden sind.

In den Verhandlungen muss der Verkäufer durch sein Fachwissen und seine Persönlichkeit insofern überzeugen, als der Kunde positiv gestimmt wird und sich für das Produkt beziehungsweise die Dienstleistung interessiert. Des Weiteren bietet eine gut durchdachte Planung und Vorbereitung des Verkaufsgesprächs dem Verkäufer eine Hilfestellung, um den Kunden zum Verkaufsabschluss zu bewegen. Wichtige Komponenten eines erfolgreich verlaufenden Verkaufsgesprächs sind demnach das Verhalten des Verkäufers und die fachlich fundierte Präsentation der angebotenen Produkte beziehungsweise Dienstleistungen. Für den Ablauf und die richtige gedankliche Folge eines Verkaufsgesprächs gibt es eine Formel, die sowohl in der Fachliteratur als auch in jedem Verkaufsseminar als bewährter Leitfaden herausgestellt wird:

AIDA-Verkaufsformel:
Aufmerksamkeit wecken
Interesse schaffen
Drang zu Besitz und Kauf entwickeln
Abschluss/Auftrag erreichen

Grundsätze beim Verkaufsgespräch

Prinzipiell sollten Sie darauf achten, dem Kunden die sachlichen Zusammenhänge in einer verständlichen Sprache zu erläutern und Ihre Argumente vorzutragen. Darüber hinaus schaffen gut gegliederte Inhalte Übersichtlichkeit und fördern beim Kunden die Vertrauensbasis. Dies wird sich wiederum positiv auf die Gesprächsführung auswirken und den Verhandlungsverlauf günstig beeinflussen. Und schließlich: Lassen Sie dem

Gesprächspartner ausreichend Zeit, um die einzelnen Gliederungspunkte durchdenken zu können. Setzen Sie ihn nicht unter psychischen oder zeitlichen Druck.

 Tipps im Umgang mit Gesprächspartnern

- Sprechen Sie Ihren Gesprächspartner wiederholt mit seinem Namen an. Sie stellen ihn damit in den Mittelpunkt.
- Legen Sie Wert auf eine wohl temperierte Stimme.
- Lächeln Sie freundlich. Damit sorgen Sie für eine positive Gesprächsatmosphäre.
- Um offen und sicher zu wirken, halten Sie mit Ihrem Gesprächspartner Blickkontakt.
- Legen Sie kurze Gesprächspausen ein, um sich selbst und Ihrem Gesprächspartner die Möglichkeit zu geben, über das bisher Gesprochene nachzudenken.

Umgang mit schwierigen Kunden

Sie sollten nicht vergessen, sich bei Ihrem Kunden für eine gute und konstruktive Zusammenarbeit zu bedanken. Vor allem sollten Sie darauf achten, positive Aussagen Ihres Kunden besonders zu betonen und damit zu verstärken. Versuchen Sie keinen Druck auf ihn auszuüben; nehmen Sie ihn so, wie er ist. Der Kunde wird es Ihnen erfahrungsgemäß mit einer offenen und verbindlichen Verhaltensweise danken und damit zu einem konstruktiven und letztendlich erfolgreichen Verhandlungsverlauf beitragen. Stellen Sie alle Vorteile, die der Kunde durch den Kauf des Produkts beziehungsweise der Dienstleistung erwerben kann, besonders heraus. Veranschaulichen Sie vor allem den Nutzen, den das Produkt beziehungsweise die Dienstleistung für ihn haben wird.

 Tipp

Um den Kunden von Ihrem Produkt beziehungsweise Ihrer Dienstleistung zu überzeugen und ihn zum Kaufentschluss zu bewegen, genügt es nicht, nur Vorteile aufzuzählen; im Vordergrund steht immer der Nutzen für den Kunden. Das Produkt- beziehungsweise das Dienstleistungsangebot muss zur Lösung der individuellen Probleme des Kunden eingesetzt werden. So sind zum Beispiel Lieferbereitschaft, Zuverlässigkeit, Kundenservice, aber auch Garantieleistungen für den Kunden wesentliche Voraussetzungen dafür, den Kauf schließlich zu tätigen.

Phasen der Verkaufsverhandlungen

Verkaufsverhandlungen sind Teil des Verkaufsvorgangs. Sie sind eingebettet in den gesamten Marketingvorgang. Dazu gehören unter anderem die telefonische Kundenakquisition, der Schriftverkehr, Produktinformationen durch Prospekte, Liefer- und Zahlungsbedingungen, die Werbung und Verkaufsförderung sowie eine der Größe des Unternehmens angepasste Öffentlichkeitsarbeit. Die Verhandlungen als Teil der Kundengewinnung laufen in folgenden Schritten ab:

1. Phase: Kontaktaufnahme mit dem Kunden

Zuerst sollte eine emotionale Beziehung zum Kunden aufgebaut werden. In der Regel geschieht das – wie im zwischenmenschlichen Bereich üblich – durch eine höfliche Begrüßung mit offenem, freundlichem Blickkontakt. In dieser Phase sollte bereits darauf geachtet werden, dass eine verbindliche Atmosphäre, die positiv auf den Verhandlungsverlauf einstimmt, entsteht. Aufbauend auf der dadurch geschaffenen persönlichen Gesprächsebene sollten Sie nun den Kunden für Ihr Angebot interessieren. Rücken Sie jetzt Ihr Angebot in den Vordergrund und versuchen Sie Ihren Kunden für die weitere Verkaufsverhandlung positiv zu stimmen.

2. Phase: Analyse des Bedarfs

Bedenken Sie während dieser Phase, dass der Kunde nicht das Produkt beziehungsweise die Dienstleistung als solches erwerben will, sondern die mit seinem persönlichen beziehungsweise geschäftlichen Erfolg verbundene Problemlösung. Zeigen Sie dem Kunden, dass Ihnen nichts wichtiger ist, als ihm zu helfen, die richtige Entscheidung zu treffen. Gehen Sie geduldig auf seine Wünsche und Argumente ein. Bevor Sie eigene Vorschläge unterbreiten, sammeln Sie Daten und Anregungen. Sie können sich dann ein umfassendes Bild machen, welche Probleme der Kunde hat. Überfordern Sie den Kunden nicht mit zu vielen Details und fachlichen Aussagen, sondern versuchen Sie vielmehr klar und deutlich Ihre eigenen Anregungen und Argumente vorzutragen. Lassen Sie dem Gesprächspartner ausreichend Zeit, damit er über seine Probleme und deren Lösungsmöglichkeiten nachdenken kann. Fassen Sie kurz zusammen, wenn Sie und Ihr Gesprächspartner Teilergebnisse beziehungsweise Teillösungen erreicht haben. Notieren Sie sich die wesentlichsten Punkte, ohne dadurch den Gesprächsfluss zu stören beziehungsweise zu unterbrechen. Wiederholen Sie in verständlichen Worten die bisherigen Aussagen und Ergebnisse, um feststellen zu können, ob der Gesprächspartner diese Teilergebnisse bestätigt.

Tipp

Bei der Kaufentscheidung des Kunden steht nicht das Produkt oder die Dienstleistung im Vordergrund, sondern der Nutzen beziehungsweise der Zusatznutzen. Die Chancen im Wettbewerb erhöhen sich beträchtlich, wenn der Kunde Vorteile durch den Erwerb des Produktes für sich erkennen kann, die ihm helfen, seine Probleme zu lösen.

3. Phase: Argumentation für Ihr Produkt

Wie bereits erwähnt, kauft der Kunde nicht das Produkt beziehungsweise die Dienstleistung, sondern den Nutzen, um seine individuellen Probleme lösen zu können. Stellen Sie eine Liste von vorteilhaften Eigenschaften auf, die als Argumentationshilfe Ihre Leistung besonders hervorheben. Prüfen Sie vor allem auch, ob die von Ihnen herausgestellten Vorteile dem Kunden wirklich helfen können, seine Probleme zu lösen.

Auflistung von Vorteilen:
- Hochwertige Qualität
- Kompletter Kundenservice

- Optimale Kundenbetreuung
- Einfache Handhabung
- Leicht bedienbar
- Stabil, äußerst belastbar
- Leistungsfähig
- Materialstabil
- Lange Lebensdauer
- Zeitersparnis
- Kosten senkend
- Wartungsfreundlich
- Breit gefächerte Auswahl
- Umfassende Verkaufsunterstützung
- Gründliche Mitarbeitschulung
- Zuverlässige Lieferung
- Günstige Staffelrabatte
- Alles aus einer Hand
- Prompte Lieferung

Sicherlich lassen sich noch mehr Vorteile für Ihr Produkt oder Ihre Dienstleistung finden. Passen Sie daher die Vorteilsliste Ihren individuellen Erfordernissen an. Der besondere Vorteil dieser Liste ist darin zu sehen, dass keine wichtigen Posten vergessen werden.

4. Phase: Abschlussverhalten

Sie sollten erst dann zum Abschluss kommen, wenn Sie davon überzeugt sind, dass Sie den Kunden umfassend informiert haben und er aufgrund der Vorteile, die das Produkt beziehungsweise die Dienstleistung bietet, einen Nutzen für sich erkennen kann. Geben Sie ihm das Gefühl, dass er sich richtig entschieden hat.

Verhaltensweisen des Kunden, die Kaufbereitschaft signalisieren:

- Der Kunde findet von selbst Vorteile, die für das Produkt sprechen.
- Der Kunde gibt einen genauen Zeitpunkt an, zu dem er das Produkt beziehen möchte.
- Die Zustimmung ist durch persönliche Verhaltensweisen des Kunden erkennbar.
- Die Abschlussbereitschaft wird durch positive Aussagen unterstrichen.
- Der Kunde geht von Fragen, die das Produkt betreffen, weg zu Fragen, die nur noch zusätzliche Informationen erfordern, wie Liefer- und Zahlungsbedingungen, verkaufsfördernde Unterstützung, Serviceleistungen usw.

Sympathie fördert den Verkauf

Jeder, der für den Verkauf von Produkten oder Dienstleistungen verantwortlich ist, sollte im Umgang mit Kunden folgende psychologischen Aspekte noch zusätzlich in seine Überlegungen mit einbeziehen:

- Sympathie, die der Kunde dem Verkäufer entgegenbringt, überträgt er unbewusst auch auf das angebotene Produkt und die Leistungsfähigkeit des Unternehmens. Unser Verhalten wird nur in einem relativ geringem Maß vom Verstand bestimmt, vorrangig aber von unserer psychischen Situation und den emotionalen Erfahrungen.

- Für ein erfolgreich verlaufendes Verkaufsgespräch ist „der erste Eindruck" fast entscheidend, ob der weitere Verhandlungsverlauf offen oder mit unbewusster Ablehnung geführt werden kann. Schon die äußere

Erscheinung kann zu einer negativen Bewertung führen und somit zur Ablehnung des Gesprächspartners. Es werden Blockaden aufgebaut, die nur schwer abgebaut werden können. Der erfolgreiche Verhandlungsverlauf ist damit schwierig und eventuell sogar gefährdet.

▌ Das äußere Erscheinungsbild des Verkäufers spielt im beruflichen Alltag eine enorm wichtige Rolle. Insbesondere die Erwartungshaltung der Zielgruppe, in der sich ein Verkäufer bewegt, entscheidet über Ablehnung oder Sympathie: Sind es eher konservative Kreise, in denen sich ein Verkäufer bewegt, oder ist es üblich, sich eher leger und unkonventionell zu bewegen und zu verhalten? Das Erscheinungsbild spielt übrigens auch eine wichtige Rolle in der Beurteilung gesamter Unternehmen. Die so genannte *Corporate Identity,* also die ganzheitliche positive Darstellung eines Unternehmens, wird immer wichtiger – auch für kleinere Unternehmen.

▌ Der Kunde bewertet den Verkäufer nicht nur nach seinem äußeren Erscheinungsbild, sprich seinem „Outfit". Auch Mimik, Gestik und Haltung spielen eine nicht zu unterschätzende Rolle. Eine angemessene Körpersprache, die nicht übertreibt, den Gesprächspartner aber auch nicht ermüdet, ist sicherlich eine wichtige Voraussetzung, um das Interesse am Produkt und an der Person des Verkäufers aufrechtzuerhalten. Zudem kann eine angenehme Stimme dem Verkäufer helfen, das Gespräch auf einer verbindlichen Ebene fortzuführen.

█ Tipp

Der Verkäufer ist die Visitenkarte seines Unternehmens!

Gute Vorbereitung ist wichtig

Ein guter Verkäufer zieht die notwendige Sicherheit für Verkaufsverhandlungen aus einer gewissenhaften Vorbereitung. Denn gut vorbereitete Verkäufer wirken auf den Kunden immer kompetent. Diese positive Einschätzung überträgt sich – wie bereits erwähnt – auf das Produkt und das Unternehmen.

█ Tipp

Vergessen Sie niemals, sich für das Verkaufsgespräch zu bedanken! Betonen Sie besonders die freundliche Gesprächsatmosphäre sowie die sachlichen und ausführlichen Informationen, die für das Gespräch äußerst nützlich waren. Verabschieden Sie sich höflich mit verbindlicher Freundlichkeit.

Aufbau einer Adressdatei

Aus folgenden Informationsquellen können Sie Adressen zur Kundengewinnung erhalten:

▌ Adressenverlage

▌ Gelbe Seiten

▌ Telefonbücher

▌ Mitgliederverzeichnisse

▌ Industrie- und Handelkammern

▌ Handwerkskammern

▌ Arbeitgeberverbände

▌ Auslandshandelskammern

▌ Fachverbände der Wirtschaft

▌ Vereine

- Messeveranstalter
- Staatliche Stellen
- Broschüren von staatlichen Stellen
- Tageszeitungen
- Anzeigenblätter
- Zeitungen (regional und überregional)
- Zeitungen (Ausland)
- Magazine
- Kataloge
- Fachzeitschriften (branchenspezifisch)
- Prospekte
- Fachbücher

Tipp

Der Kunde steht immer im Mittelpunkt aller Überlegungen!

Direktmarketing

Der schnellste und eventuell auch einfachste Weg, neue Kunden zu finden, ist oftmals, durch ein direktes Informationsschreiben über neue Produkte beziehungsweise Dienstleistungen zu informieren. Da jeder potenzielle Kunde individuell und direkt angesprochen wird, stehen die Chancen gut, wahrgenommen zu werden. Für den Erstkontakt ist dieser Weg sicherlich sehr wirkungsvoll und erzeugt einen hohen Aufmerksamkeitsgrad. Wer jedoch auf diesem Weg direkt verkaufen will, muss beachten, dass sich der Preis für die angebotenen Waren oder Dienstleistungen in einem unteren Bereich bewegen muss, um einen Kaufentscheid herbeiführen zu können. Darüber hinaus dürfen die Informationen, die das Produkt beziehungsweise die Dienstleistung mit den Vorteilen beschreiben, nicht zu umfangreich sein, um das Interesse des Lesers

zu erreichen. Es muss auch klar herausgestellt werden, dass der Kunde vom Kauf zurücktreten kann. Sinnvoller ist jedoch, durch das Schreiben kurz zu informieren und die Chance zu geben, weitere Informationen anzufordern. Der Vorteil ist, dass der potenzielle Kunde, falls er weitere Informationen anfordert, ein grundsätzliches Interesse am Kauf signalisiert. Hier können dann durch gezielte Informationen die weiteren Vorteile und insbesondere der Nutzen herausgestellt, der Kauf vorbereitet und letztendlich durchgeführt werden.

Die Vorteile des Mailings sind insbesondere in den geringen Kontaktkosten zu sehen und im Erreichen aller potenzieller Kunden, die für den Kauf infrage kommen könnten. Darüber hinaus gibt es kein störendes Umfeld, das den Leser ablenkt, wie dies bei einer Anzeige häufig der Fall ist. Außerdem kann man durch eine begrenzte Aussendung relativ preisgünstig den Markt testen.

Ein großer Nachteil ist bei der Direktwerbung die hohe Wegwerfquote, da in vielen Haushalten, aber auch in Unternehmen die Werbung nicht mehr wahrgenommen wird. Viele Briefkästen quellen über von den täglichen Werbesendungen. Viele Haushalte haben auf ihren Postkästen auch Aufkleber mit der Aufschrift „Keine Werbung einwerfen!". Hier ist es grundsätzlich nicht erlaubt, Werbezettel einzuwerfen. Ein weiterer Nachteil ist die relativ lange Rücklaufzeit, die oftmals mehrere Wochen oder gar Monate betragen kann. Grundsätzlich muss auch hier nach dem Wirtschaftlichkeitsprinzip vorgegangen werden: Aufwand und Ertrag müssen in einem vertretbaren Verhältnis zueinander stehen. Wobei am Beginn einer selbstständigen Tätigkeit Fehler gemacht werden, die erst durch entsprechende Erfahrungen minimiert werden können. „Versuch und Irrtum" unterliegt sicherlich jeder, der „Neuland" betritt und erst im Laufe der Zeit Erfahrungen sammeln kann, die das Risiko von Fehlaussendungen minimieren helfen. Grundsätzlich muss jedoch darauf geachtet werden, dass das Adressenmaterial hochwertig ist, um die Wegwerfquote in einem akzeptablen Maß zu halten.

Telefonmarketing

Zum telefonischen Marketing gehören alle Aufgaben, ein Produkt oder eine Dienstleistung per Telefon für den Verkauf vorzubereiten oder gleich zu verkaufen. Dazu zählen im Wesentlichen eigene Anrufe oder die der Kunden beziehungsweise Kaufinteressenten. Es können Sachfragen über Konditionen, Rabatte, Liefertermine, Sonderangebote und vieles mehr geklärt werden. Das Telefonmarketing bietet eine Reihe Vorteile: Es vermeidet kostenintensive Kundenbesuche, spart Zeit und Geld und sorgt – richtig durchgeführt – für volle Auftragsbücher. Darüber hinaus kann es im Rahmen des *Marketing-Mix* mit anderen Instrumenten der Kundengewinnung verbunden werden und so äußerst erfolgreich dazu beitragen, die Umsätze weiter zu steigern.

Grundlage für den Erfolg ist in erster Linie die geschickte Verhandlungsführung des Verkäufers. Der Nachteil des telefonischen Marketings ist vor allem darin zu sehen, dass dem Verkäufer die Möglichkeit fehlt, dem Gesprächspartner etwas anhand von Prospekten oder Katalogen zu zeigen und zu erklären. Darüber hinaus fehlt natürlich der direkte Kontakt zum Gesprächspartner, um durch Gestik und Mimik, das heißt durch die sichtbare persönliche Komponente des Verhaltens, ein positives Gesprächsklima und damit eine Erfolg versprechende Verhandlungsbasis zu schaffen.

Die Information über Produkte und Dienstleistungen wird heute über folgende Wege durchgeführt:

- Persönliches Beratungsgespräch
- Schriftliche Mitteilung per Brief, Fax und E-Mail
- Mündliche Mitteilung per Telefon
- Information per Internet

Das *persönliche Beratungsgespräch* verlangt vom Verkäufer ein hohes Maß an fachlichem Wissen, psychologisches Geschick im Umgang mit Menschen und die Beherrschung verkaufstechnischer Grundlagen. Der Verkaufserfolg hängt in entscheidendem Umfang vom Geschick und von der Persönlichkeit des Verkäufers ab.

Für die *schriftliche Mitteilung per Brief, Fax* und *E-Mail* gelten andere Gesetze als für das Beratungsgespräch: Die schriftliche Mitteilung erfordert einen hohen Aufmerksamkeitsgrad des Lesers und sollte deshalb stilistisch einwandfrei, ausdrucksstark, kurzweilig und verständlich abgefasst sein.

Das *Telefongespräch* ist ein wichtiges Hilfsmittel, den Kunden beziehungsweise Interessenten schnell und kostengünstig zu informieren. Das Verkaufen am Telefon wird dadurch erschwert, dass wir unseren Gesprächspartner nicht sehen können; wir können ihm nichts zeigen, wir wissen nicht, ob er gerade anderweitig beschäftigt ist und deshalb nicht aufmerksam zuhört. Aus diesem Grunde müssen Telefongespräche besonders gut vorbereitet sein und konzentriert durchgeführt werden.

Wenn Sie Ihr Unternehmen und Ihr Leistungsprogramm einem breiteren Publikum vorstellen wollen, so können Sie dies auch per Homepage im *Internet* tun. Dabei geht es vor allem darum, Ihre Leistungen vorzustellen und Kontaktmöglichkeiten für Interessenten anzubieten. Wichtig ist jedoch zu wissen, dass ein Internetauftritt niemals die traditionelle Kundenanbahnung ersetzen kann, sondern immer nur als Ergänzung zu den bisherigen Kontaktmöglichkeiten angesehen werden muss.

Vorteile beim Telefonmarketing

Telefongespräche können kostengünstig geführt werden.

Telefongespräche können kurz gehalten werden und sparen dann Zeit.

Telefongespräche überbrücken weite Entfernungen.

In kurzer Zeit können viele Gespräche mit verschiedenen Kunden beziehungsweise Interessenten geführt werden.

Sachverhalte lassen sich per Telefon leichter klären als in schriftlichen Mitteilungen.

Persönliche Besuche lassen sich per Telefon gezielt vorbereiten.

Dennoch sind nicht alle Probleme am Telefon zu klären:

Telefonische Vereinbarungen müssen schriftlich bestätigt werden, um Missverständnisse zu vermeiden.

Verträge müssen schriftlich abgefasst werden.

Die Bedeutung des Telefons wird zukünftig ständig zunehmen, da Kostengesichtspunkte in den Betrieben immer wichtiger werden. Das Telefon kann jedoch nicht das persönliche Gespräch und den schriftlichen Kontakt ersetzen. Es kann nur als eine von vielen Möglichkeiten gesehen werden, mit dem Kunden Kontakt aufzunehmen. Erst der Einsatz und die Kombination aller Instrumente zur Kundengewinnung wird mittel- und langfristig wirken und den gewünschten Erfolg nach sich ziehen.

Grundsätze beim Telefonmarketing

Beim Telefonieren kann lediglich ein abstraktes Bild von unserem Gesprächspartner, seiner unmittelbar Umgebung und der Situation, in der er sich gerade befindet, entstehen. Daher sollten einige wichtige Punkte beachtet werden, bevor ein Telefongespräch mit einem Interessenten beziehungsweise Kunden geführt wird:

Ich kann meinem Gesprächspartner weder Prospekte noch Modelle oder sonstige Unterlagen zeigen, um den Sachverhalt zu verdeutlichen. Darüber hinaus kann ich ihm nichts unmittelbar vorrechnen und damit Beweise liefern.

▓ Ich weiß nicht, was mein Gesprächspartner gerade tut. Hat er zum Beispiel Besuch von anderen Firmenvertretern oder hat er eine wichtige Aufgabe zu erledigen, die ihn momentan ablenkt?

▓ Am Telefon fehlt die Verbindlichkeit, die in einem persönlichen Gespräch ein positives Verhandlungsklima schaffen kann. Die Ablehnung eines Angebots kann telefonisch leichter erfolgen als bei unmittelbar persönlichen Verhandlungen.

▓ Es ist wesentlich schwieriger, am Telefon zu überzeugen, als in einem persönlichen Gespräch. Gestik, Mimik und andere positive persönliche Einflussnahmen auf den Entscheidungsprozess des Verhandlungspartners fehlen.

▓ Am Telefon entsteht ein gewisser zeitlicher Druck, der ein bestimmtes Verhalten nach sich ziehen und den Verhandlungsverlauf negativ beeinflussen kann: Einwände werden schneller ausgesprochen. Die Zeit, Sachverhalte richtig einzuschätzen und zu durchdenken, ist eventuell nicht vorhanden.

Telefongespräche im Detail vorbereiten

Telefongespräche müssen – wie andere Tätigkeiten auch – organisiert werden, um möglichst effizient und mit größtmöglichem Erfolg durchgeführt werden zu können. Dazu ist es notwendig, konkrete Überlegungen anzustellen, bevor das Telefonat beginnt. Folgende Detailfragen sollten dabei im Mittelpunkt stehen:

▓ Ist das Telefongespräch im konkreten Fall sinnvoll?
▓ Wer ist mein Gesprächspartner?
▓ Wann ist der günstigste Zeitpunkt für ein Telefonat?
▓ Habe ich alle Informationen über meinen Gesprächspartner vorliegen?
▓ Welche Unterlagen benötige ich für das Gespräch?
▓ Welche Unterlagen benötigt mein Gesprächspartner, die ihm dann vorab zugehen müssen?
▓ Welche Punkte will ich besprechen, und in welcher Reihenfolge?
▓ Wie beginne ich mein Gespräch?
▓ Welche Fragen muss ich stellen?
▓ Mit welchen Einwänden muss ich rechnen?
▓ Welche einzelnen Punkte muss ich mir vorher für das Gespräch notieren?

Kundenreklamationen am Telefon

Stellen Sie den reklamierenden Kunden in den Mittelpunkt des Gespräches. Zeigen Sie Verständnis und Interesse für sein eventuell verärgertes Verhalten. Lassen Sie den Kunden stets wissen, dass es Ihnen ein Anliegen ist, ihm zu helfen, und zeigen Sie ihm dadurch, dass Sie seine Beschwerde ernst nehmen.

Der Kunde möchte sich in den meisten Fällen seinen Kummer von der Seele reden. Unterbrechen Sie ihn dabei nicht, sondern hören

Sie ihm erst einmal zu, bevor Sie beginnen, den eigentlichen Sachverhalt zu klären.

Nachdem der Kunde seinem Ärger Luft gemacht hat, können Sie damit beginnen, den Sachverhalt zu klären und den Kunden langsam von der emotionalen auf die sachliche Ebene zu bringen. Notieren Sie sich die Beschwerdegründe sorgfältig, damit Sie so schnell wie möglich die Dinge in Ordnung bringen können, ohne durch mehrmalige Rückfragen den Kunden noch mehr zu verärgern. Vereinbaren Sie eventuell einen Rückruftermin mit dem Kunden und nützen Sie die Zeit, um inzwischen den Sachverhalt zu klären.

Ergeben sich Verzögerungen, rufen Sie den Kunden umgehend an, um ihm zu erklären, weshalb mit einer verzögerten Bearbeitung der Reklamation zu rechnen ist. Stellen Sie jedoch heraus, dass Sie so schnell wie möglich die Reklamation bearbeiten und erledigen werden.

Ist der Sachverhalt geklärt und der Kunde zufrieden gestellt, lassen Sie sich dies nochmals bestätigen, um positiv auf die zukünftigen Geschäftsverbindungen einzuwirken.

Terminvereinbarungen am Telefon

Das Telefonieren hat heute für den Kundenkontakt und die Kundeninformation eine wesentlich größere Bedeutung, als dies vor einigen Jahren noch der Fall war. Dennoch gibt es eine Reihe von Anlässen, die ein persönliches Gespräch notwendig machen:

▨ Ich kann meinem Partner nichts zeigen und vorrechnen.

▨ Die Möglichkeiten der sozialen Interaktion sind sehr begrenzt.

▨ Ich kann am Telefon keine rechtsverbindlichen Abmachungen treffen oder Verträge abschließen.

Zu diesem Zweck ist es sinnvoll, am Telefon einen Termin zu vereinbaren, am besten mithilfe der Alternativmethode:

▨ Bei Ihnen oder in unserer Firma?

▨ Vormittags oder nachmittags?

▨ Diese oder nächste Woche?

▨ Um 14 Uhr oder um 16 Uhr?

Unser Kunde erwartet daraufhin von uns:

▨ Die schriftliche Bestätigung telefonisch vereinbarter Termine

▨ Die Einhaltung versprochener Termine

▨ Absolute Pünktlichkeit

▨ Die umgehende Information, falls wir einen Termin nicht einhalten können

▨ Einen eventuellen neuen Terminvorschlag

▮ Tipp

Vermitteln Sie bei telefonischen Kundenkontakten ein positives Bild von sich und damit von Ihrem Unternehmen. Der Kunde verbindet in den meisten Fällen die Qualität des Produkts beziehungsweise der Dienstleistung mit dem positiven (oder negative) Verhalten des Gesprächspartners.

Internet

Durch die globale Vernetzung mit Hilfe des Internets ergeben sich für kleinere Unternehmen besondere Möglichkeiten, sich zu informieren und Geschäfte erfolgreich anzubahnen.

Wer sich selbstständig machen will, braucht eine Fülle von Informationen. Gut informiert zu sein, ist für den jungen Unternehmer überlebenswichtig und schafft einen Vorsprung gegenüber den Wettbewerbern. Im Internet lassen sich Informationen für Existenzgründer und junge Unternehmen schnell, aktuell sowie kostengünstig beschaffen.

Besonders wichtig für die unternehmerische Startphase: Das Internet spart Zeit und damit Geld. Es bietet die Möglichkeit, schnell und zeitnah zu kommunizieren. Vor allem können hohe Kosten für Porto, Telefon und Reisen erheblich reduziert werden.

Electronic Commerce für den Existenzgründer

Viele wichtige Geschäftsprozesse lassen sich per Internet realisieren. Neue Unternehmen können sich mit einem eigenen Internetauftritt auf dem Markt präsentieren und ihre Angebote und Dienstleistungen anbieten. Notwendige Einkäufe können elektronisch abgewickelt werden. Das ist jedoch nicht alles: Das weltumspannende Netzwerk eröffnet eigene unternehmerische Möglichkeiten. Allein die Existenz des Internets hat dazu geführt, dass viele neue Geschäftsideen sich entwickeln konnten. Dabei wurden viele neue Dienstleistungsnischen von Existenzgründern besetzt.

Neue Unternehmen haben heute besonders gute Möglichkeiten, im Bereich des EC Gewinn bringende Geschäfte zu tätigen. In den kommenden Jahren werden sich diese Möglichkeiten weiter verbessern. Junge Unternehmen können sich auf Märkten präsentieren, die bisher nur schwer für sie erreichbar waren. Es können Marketingmaßnahmen durchgeführt werden, die bisher nur für größere Unternehmen möglich waren. Somit können leichter neue Kunden gewonnen werden, und was sich besonders auf der Kostenseite auswirkt: Verzögerungen von Geschäftsabläufen werden minimiert. Der Geschäftsbetrieb ist 24 Stunden am Tag möglich. Öffnungszeiten, Postwege und Auslieferungsverzögerungen gehören der Vergangenheit an. Die entsprechenden Zielgruppen können direkt und ohne Verzögerungen angesprochen werden. Besonders für kleinere Spezialanbieter bringt EC einige enorme Vorteile: Angebote können jederzeit aktualisiert werden, Prospekte oder Kataloge müssen nicht neu erstellt werden, die Kundenbetreuung wird qualitativ besser, da Anbieter und Kunde jederzeit miteinander Verbindung aufnehmen können. Darüber hinaus kann das Kundenverhalten besser getestet werden. Das erleichtert die weitere Absatz- und Werbeplanung.

Das Internet hat sich zu einem globalen Marktplatz entwickelt. Ob CDs, Bücher, Computer oder auch Finanzdienstleistungen, alles kann im Internet angeboten und eingekauft werden. Preise können im Internet problemlos verglichen werden. Produktinformationen lassen sich über das Internet schnell und bequem anfordern. Es können Bestellungen online durchgeführt und häufig auch direkt bezahlt werden.

Messen

Gute Möglichkeiten, um Kontakte zu potenziellen Kunden zu knüpfen, bieten Messen und Ausstellungen im In- und Ausland. Eine Vielzahl von Personen, die sich selbstständig machen, wird ihre Produkte und Dienstleistungen früher oder später einem breiteren Publikum auf einer Fachmesse vorstellen oder sich dort nach günstigen Einkaufsquellen umsehen.

Die Messebeteiligung ist als Bestandteil des so genannten *Marketing-Mix* anzusehen. Kaum ein anderes Instrument bietet – wie die Messe – die Möglichkeit, Produkte eines Unternehmens umfassend und kundennah darzustellen. Anders als bei einem Werbebrief, einem Prospekt oder Katalog wird bei der Messe nämlich ein Produkt nicht abstrakt dargestellt, sondern greifbar und für jeden Interessenten zugänglich.

Ein weiterer wichtiger Aspekt der Messe liegt in der unmittelbaren Information der Interessenten. Die Akzeptanz eines Produktes kann sehr schnell umfassend getestet werden.

Vorteile der Messebeteiligung

Für den Aussteller bringt die Beteiligung an einer Messe eine Reihe von Vorteilen mit sich. Andere Marketinginstrumente können durch sie sinnvoll und erfolgsorientiert ergänzt werden. So lassen sich folgende Vorteile einer Messebeteilung hervorheben:

- Die eigene Konkurrenzfähigkeit kann überprüft werden.
- Neue Mitbewerber können kennen gelernt werden.
- Die Entdeckung neuer Produkte und Dienstleistungen und damit neuer Marktnischen ist möglich.
- Die Branchensituation kann erkundet werden.
- Trends und Entwicklungen lassen sich erkennen.
- Exportchancen können ausgelotet werden.
- Persönliche Kontakte können hergestellt und gefestigt werden.
- Der Bekanntheitsgrad des Unternehmens lässt sich steigern.
- Neue Abnehmer- und Zielgruppen können ermittelt werden.
- Neue Marktdaten können gesammelt werden.

Die oben aufgeführten Vorteile machen die Messe zu einem der wichtigsten Instrumente zur Kundenanbahnung und Kundengewinnung. Die vielfältigen Kontakte, die eine Messe mit sich bringt, heben sie aus dem *Marketing-Mix* gegenüber anderen Marketinginstrumenten heraus. Jeder, der ein neues innovatives Produkt oder eine Dienstleistung einer breiten Öffentlichkeit vorstellen und zugänglich machen will, sollte daher unbedingt die Plattform Messe für seine Interessenten- beziehungsweise Kundenkontakte nutzen.

Informationen über den Mitbewerber

Die Analyse der Stärken und Schwächen der Mitbewerber kann wichtige Aufschlüsse über die Stellung der eigenen Produkte im Markt liefern. Dies kann zur Folge haben, dass

▨ die eigenen Leistungen im Markt besser einzuschätzen sind,

▨ das Marktverhalten der Konkurrenz besser zu erkennen ist,

▨ die eigene Unternehmensentwicklung besser beurteilt werden kann.

Unerlässlich für jeden Unternehmer ist die Kenntnis von Produkten und Dienstleistungen, die im Markt von Mitbewerbern angeboten werden, um zum Vorteil des eigenen Unternehmens richtige Rückschlüsse ziehen zu können. Wichtige Kriterien für die Beurteilung der Mitbewerber im Markt sind zum Beispiel:

▨ Bekanntheitsgrad

▨ Firmenimage

▨ Angebotspalette

▨ Stand des technischen Know-how

▨ Forschungs- und Entwicklungsaktivitäten

▨ Werbeaktivitäten

▨ Marketingstrategie

Vorteile für den Messebesucher

Ein besonderer Vorteil für den Messebesucher liegt darin, dass er sich über Innovationen der jeweiligen Branche auf einer sehr überschaubaren Fläche schnell und umfassend informieren kann. Daraus ergibt sich eine gute und aktuelle Marktübersicht. Die tatsächliche konjunkturelle Situation und

wirtschschaftliche Perspektiven lassen sich leicht erkennen. Wer bestimmte Produkte sucht, kann dies auf einer Messe äußerst zielorientiert und branchenspezifisch durchführen.

Ein wesentlicher Aspekt des Messebesuchs besteht gerade in der Möglichkeit, Trends und Strömungen schnell zu erkennen, da das vielfältige Angebot einer Messe Rückschlüsse darauf zulässt, welche Entwicklungen die einzelnen Branchen nehmen könnten beziehungsweise nehmen werden.

Neben den allgemeinen Tendenzen lassen sich auch konkrete Vergleiche der einzelnen Anbieter anstellen. Preis- und Konditionenvergleiche können ohne großen zeitlichen und finanziellen Aufwand leicht durchgeführt werden.

Schließlich bieten Tagungen und Sonderschauen ein breites Spektrum an Informationen, die – richtig ausgewertet – sicherlich wertvolle Hilfestellung für die zukünftige persönliche und berufliche Entwicklung des Messebesuchers geben können. Dies trifft in verstärktem Maße auch auf den Existenzgründer zu.

Verhalten und Qualifikation des Standpersonals

Eine der wichtigsten Voraussetzungen für den Messeerfolg ist die Qualität des Standpersonals. Der Erfolg einer Messebeteiligung hängt entscheidend vom Verhalten des Personals ab. Neben einem qualitativ guten Leistungsangebot entscheiden die Standmitarbeiter über den Erfolg neuer Kundenkontakte und zukünftiger Verkaufsabschlüsse. Wichtig für den Erfolg sind:

- Aufgeschlossenheit und Kontaktfreudigkeit
- Sicheres und gewandtes Auftreten
- Ausgeprägte Fachkenntnisse
- Gutes sprachliches Ausdrucksvermögen
- Verkäuferisches Geschick
- Belastbarkeit und Durchhaltevermögen
- Gute Fremdsprachenkenntnisse

Gesprächsführung mit Messekunden

Betritt ein Messebesucher den Messestand, sollte der Standmitarbeiter ihm ausreichend Zeit lassen, um sich erst einmal einen kurzen Überblick über die angebotenen Produkte und das Ambiente des Standes verschaffen zu können. Er sollte sich in Ruhe umsehen können. Der Kunde findet in der Regel die Produkte beziehungsweise Produktgruppen, die ihn besonders interessieren, allein. Dieser Zeitpunkt ist dann bestens geeignet, um den Standbesucher freundlich anzusprechen beziehungsweise anzufragen, ob ihn etwas besonders interessiert oder ob er bereits konkrete Informationen wünscht. Jede Form der Aufdringlichkeit sollte jedoch vermieden werden.

Danach kann der Mitarbeiter, nachdem er sich kurz vorgestellt hat, die infrage kommenden Produkte, Verfahren oder Dienstleistungen näher vorstellen und erläutern. Wichtiger als selbst zu reden ist jedoch, dass der Mitarbeiter dem Besucher beziehungsweise Interessenten konzentriert zuhört,

um schnell erkennen zu können, welche Probleme beziehungsweise welche Interessenslage beim Standbesucher gegeben ist und welche Problemlösungen ihn besonders ansprechen. Ebenso sollte der Besucher das Gefühl haben, dass er im Mittelpunkt des Informations- beziehungsweise Verkaufsgespräches steht. Gezielte Fragen helfen dem Mitarbeiter, Vorstellungen und Kaufmotive herauszufiltern, um dann den Interessenten anhand konkreter Lösungsmöglichkeiten vom individuellen Nutzen des Produktes beziehungsweise der Dienstleistung zu überzeugen.

Tipp

Jeder Messebesucher muss als potenzieller Kunde angesehen werden. Aktives Informieren aller Standbesucher ist die Grundlage einer optimalen Kundengewinnung. Die Messe ist nicht für intensive und langatmige Einzelgespräche vorgesehen. Im Mittelpunkt stehen vielmehr die Gewinnung neuer Kunden, die Markteinführung neuer Produkte beziehungsweise Dienstleistungen sowie die Ermittlung der verschiedenen Abnehmerkreise.

Sehr oft wird auf Messen die Auftragsentscheidung nur vorbereitet. Zu diesem Zweck ist es notwendig, weitere Kontakte zu knüpfen. Vereinbarungen von Telefonkontakten, Besuchsterminen, Zusendung von Prospektmaterialien usw. sind einige Möglichkeiten, während der Nachbereitungsphase den Interessenten vom Nutzen des Produktes oder der Dienstleistung zu überzeugen und damit letztendlich die Kaufentscheidung herbeizuführen.

Tipp

Dem Messebesucher muss vom Standpersonal stets aktive Kontakt- und Informationsbereitschaft signalisiert werden. Verpasste Gesprächschancen auf Messen sind kaum nachzuholen. Es sollten Verhaltensweisen vermieden werden, die beim Besucher Kontaktblockaden aufbauen und den Standbesuch verhindern (zum Beispiel Zeitungslesen, der Eindruck von Pausen oder vertiefte Gespräche mit den Kolleginnen oder Kollegen).

Messe- und Marktinformationen

Die Messe bietet nicht nur dem Besucher umfangreiche Informationen über neue Produkte, Dienstleistungen oder Verfahrensweisen, sie ist auch für den Messeteilnehmer selbst ein wichtiges Informationsmedium, das zum Beispiel über die Mitbewerber umfassend informiert. So können in einem überschaubaren Rahmen Informationen über Produktneuheiten, Werbung, Verhalten des Standpersonals und Marketingaktivitäten leicht erkundet werden. Ebenso können Prospektmaterialien, Preislisten und sonstige wichtige Unterlagen leicht eingesehen werden, die für die eigenen geschäftliche Aktivitäten wertvolle Anregungen geben können. Darüber hinaus stellen folgende Unterlagen nützliche Informationsquellen für den Messeteilnehmer dar:

- Messekataloge
- Broschüren über Sonderveranstaltungen
- Seminarunterlagen
- Fachzeitschriften und Beilagen
- Untersuchungsberichte vom Messeveranstalter
- Anschriftenverzeichnisse

Messenachbearbeitung

Die Nachbearbeitung der Messekontakte ist eine der wichtigsten Aufgaben im „Messegeschäft". Wird keine intensive Nachbearbeitung durchgeführt, so verpuffen wichtige Kontakte, die in der Summe zu nicht unerheblichen Umsätzen hätten führen können. Grundlage der Nachbearbeitung ist die systematische Auswertung der mit Vordrucken erfassten Messekontakte.

Die Messenachbearbeitung ist häufig die Schwachstelle der gesamten Messekonzeption. Wertvolle Besucher- beziehungsweise Interessentenkontakte werden vernachlässigt oder gar nicht bearbeitet. Dabei darf die Messebeteiligung nur als Beginn einer möglichst langfristig erfolgreichen geschäftlichen Verbindung gesehen werden. Sehr oft werden Verkaufsabschlüsse erst in der Nachbearbeitungsphase getätigt.

Tipp

Wichtige Gesprächschancen auf Messen können in den seltensten Fällen nachgeholt werden!

Wichtige Informationsstelle:

Ausstellungs- und Messeausschuss der Deutschen Wirtschaft e. V. (AUMA) Internet: www.auma.de

Auslandsmesseförderung

Das Auslandsmesseprogramm des Bundesministeriums für Wirtschaft und Arbeit (BMWA) unterstützt die Teilnahme von Unternehmen an ausgesuchten internationalen Fachmessen und Ausstellungen sowie

deutsche Industrie- und Konsumgüteraus-
stellungen im Rahmen von Auslandsmessebeteiligungen des BMWA. Ziel ist es,
die Exportaktivitäten insbesondere kleiner
und mittlerer deutscher Unternehmen zu
unterstützen. Für die Aussteller ergeben
sich durch die Präsentation im Rahmen der
BMWA-Beteiligung beachtliche Kostener-
sparnisse, gute Werbe- und Repräsentati-
onsmöglichkeiten sowie organisatorische
Vorteile durch die Betreuung der Durch-
führungsgesellschaften im Inland und am
Messeort, die Überlassung der Ausstellungsfläche, der allgemeinen Dekoration, einheitlicher Standbeschriftung, die kostenlose
Eintragung im Ausstellerverzeichnis bis zur
Organisation und technischen Betreuung
von Fachvorträgen.

Unterstützt werden alle Unternehmen mit
Sitz in der Bundesrepublik Deutschland, die
in Deutschland hergestellte Waren anbieten.

Auslandsmessebeteiligungen des BMWA
werden vor allem in Form von Firmenge-
meinschaftsständen durchgeführt.

Informationsstelle ist der Ausstellungs- und
Messeausschuss der Deutschen Wirtschaft
e. V. (AUMA), Internet: www.auma.de

Tipp

Kosten der Markterschließung können
auch durch öffentliche Fördermittel finanziert werden.

Gefördert werden

* Kosten für Beratung und Erstellung eines
  ersten Werbekonzeptes
* Maßnahmen zur Anbahnung konkreter
  Geschäftskontakte
* Kosten für einmalige Informationsge-
  winnung zur Erschließung neuer Märkte
  (zum Beispiel für Marktanalysen)
* Kosten für die Teilnahme oder den
  Besuch wichtiger Messen und Ausstel-
  lungen
* Kosten für die Ausbildung von Handels-
  vertretern

Informationsstelle im Internet: www.kfw-
mittelstandsbank.de

6. Strategien der Kundenbindung

Totale Kundenorientierung verlangt, dass Sie ein persönliches Verhältnis zu Ihren Kunden entwickeln und festigen. Wenn Sie nur den geschäftlichen Bereich im Auge haben und die Bedürfnisse des Kunden außer Acht lassen, werden Sie keine intensive Beziehung zum Kunden aufbauen können. Bedenken Sie, dass die emotionale Ebene der Kundenbeziehung immer mehr über Erfolg und Misserfolg entscheidet. Nehmen Sie den Kunden so, wie er ist, mit all seinen Vorurteilen und Einwänden. Die Folge wird sein, dass eine intensivere Geschäftsbeziehung – auch auf emotionaler Ebene – entstehen wird.

Ein qualitativ hochwertiger Service schließt auch die emotionale Seite des Menschen mit ein. Damit finden Sie sehr schnell den Zugang zum Kunden mit seinen menschlichen Verhaltensweisen. Sie können dadurch wesentlich leichter eine vertrauensvolle Kundenbeziehung aufbauen, die darüber hinaus den Vorteil hat, dass Beziehungen auf einer gefestigten emotionalen Ebene meistens von sehr langer Dauer sind. Letztendlich ist eine Beziehung auf der emotionalen Ebene auch die Grundlage für langfristig profitable Geschäfte.

Wichtige Faktoren erfolgreicher Kundenbeziehungen sind Zuverlässigkeit, Innovation, Qualität, umfassender Kundenservice, Hilfsbereitschaft und Freundlichkeit. Orientieren Sie Ihr Geschäftsmodell an diesen Erfolgsfaktoren und Sie werden langfristige Erfolge auf der geschäftlichen, aber auch persönlichen Ebene erreichen.

Stellen Sie den Kunden in den Mittelpunkt Ihrer Überlegungen. Der Kunde darf nicht „Störfaktor" sein, sondern muss das Gefühl entwickeln, dass er im Mittelpunkt der geschäftlichen Beziehungen steht. Er ist derjenige, der das Unternehmen durch den Kauf der Produkte beziehungsweise Dienstleistungen am Leben erhält. Heben Sie sich durch eine intensive Kundenorientierung von Ihren Wettbewerbern ab. Zeigen Sie dem Kunden, dass er der Erfolgsfaktor Nr. 1 ist und nicht nur ein lästiges Beiwerk im geschäftlichen Alltag.

Entwicken Sie eine „*Kundenphilosophie*", die auch Ihre Mitarbeiter verpflichtet, bestimmte Verhaltensregeln dem Kunden gegenüber einzuhalten. Zum Beispiel:

▨ Die Kundenwünsche sind Richtschnur für das Handeln im Unternehmen.
▨ Der Kunde ist Partner, der Anspruch auf einen optimalen Kundenservice hat.
▨ Kunden werden grundsätzlich fair behandelt.
▨ Kunden werden umfassend über das Leistungsangebot des Unternehmens informiert.

Persönliche Faktoren spielen bei der Kundenbindung eine entscheidende Rolle

Bedenken Sie immer, wenn Sie eine totale Kundenorientierung in Ihrem Unternehmen verankern wollen, dass nicht Maschinen beziehungsweise Geräte über Erfolg oder Misserfolg entscheiden, sondern die fachliche Qualität und insbesondere die Motivation Ihres Personals. Demotivierte Mitarbeiter machen auf Kunden einen gelangweilten Eindruck und vermitteln das Gefühl, dass der Kunde im Tagesablauf nur lästiges Beiwerk ist. Der Kunde fühlt sich nicht entsprechend seiner Bedeutung für das Unternehmen aufmerksam betreut und behandelt. Achten Sie besonders darauf, wenn Sie Mitarbeiter einstellen, dass ihre „Mentalität" offen und verbindlich „rüberkommt" und damit Sympathie erzeugt. Die Wahrscheinlichkeit ist groß, dass dieses Verhalten auch gegenüber den Kunden positive Wirkungen haben und entsprechende Erfolge nach sich ziehen wird. Diese so genannten Soft Skills können in den wenigsten Fällen aus Zeugnissen herausgelesen werden. Deshalb gilt den so genannten weichen Faktoren beim Vorstellungsgespräch höchste Aufmerksamkeit.

Denken Sie auch daran, dass es keine besseren Verkaufsmöglichkeiten gibt als durch persönliche Empfehlung zufriedener Kunden. Deshalb sollten Sie jeden Kunden in den Mittelpunkt Ihrer Überlegungen stellen und ihn umfassend zufrieden stellen.

Kundenorientierte Serviceleistungen

Ein zuverlässiger Kundendienst und ausgefeilte Serviceleistungen können Kunden langfristig an das Unternehmen binden. Bei technisch anspruchsvollen Produkten spielt der Kundenservice für den Verkaufserfolg eine entscheidende Rolle. Es kommt häufig vor, dass ein gut funktionierender Kundenservice für die Kaufentscheidung des Kunden letztendlich ausschlaggebend ist.

Der Kundenservice kann umfassen: die Installation des Produktes, Einweisung in die Funktion, die regelmäßige Wartung, Reparaturleistungen, die Bereitstellung von Ersatzteilen oder von Ersatzgeräten. Außerdem gehört dazu: ein freundliches, zuvorkommendes Verhalten des Servicepersonals, telefonischer Kundenservice und die schnelle Erledigung von Reklamationen.

Da ein gut funktionierender Kundenservice sehr kostenintensiv sein kann, sollte er gut organisiert und rationell gestaltet sein.

Tipp

Der Kundenservice spielt bei der Kundengewinnung eine herausragende Rolle. Sie können damit Ihre Kunden langfristig an das Unternehmen binden. Besonders bei technisch anspruchsvollen und hochwertigen Produkten ist ein gut funktionierender Kundenservice sehr oft Grundvoraussetzung für die Kaufentscheidung des Kunden.

Kundenbindung durch zuverlässige Reklamationsbearbeitung

Durch ein gut organisiertes Beschwerdemanagement können Ärgernisse bereits im Vorfeld vermieden werden. Pannen können und werden immer passieren. Sie sind ein Teil des Geschäftslebens und lassen sich nicht immer vermeiden. Wichtig ist, dass diese Unannehmlichkeiten schnell erkannt und behoben werden. Die meisten Kunden werden Ihnen treu bleiben, wenn Sie Reklamationen schnell und zur Zufriedenheit des Kunden erledigen. Folglich werden Kunden, wenn Sie die Panne schnell beheben, dies als positive Kundenorientierung bewerten und gerade deshalb Kundentreue zeigen. Sie werden weiterhin Ihre Leistungen in Anspruch nehmen und bei Ihnen kaufen.

> **Tipp**
>
> Der Kunde will persönlich angesprochen werden. Darüber hinaus will er durch entsprechende Serviceleistungen weiter betreut, ständig informiert und nach seinen Bedürfnissen und Wünschen gefragt werden.

7. Zwanzig Tipps für ein erfolgreiches Marketing

 Tipp 1: Marketing ist keine Einmalaktion

Marketing ist mehr als nur eine einmalige Eröffnungsanzeige oder das Verteilen von Prospekten beziehungsweise Wurfzetteln, um das Angebot bekannt zu machen. Marketing geht weit über die reine Werbung hinaus. Marketing ist das planmäßige Aufspüren von Marktchancen durch die Anwendung absatzpolitischer Instrumente und die praktische Umsetzung durch ein marktgerechtes Marketing-Mix in einem von Wettbewerb geprägten Markt.

 Tipp 2: Formulieren Sie Ziele

Marketing ist nur dann planbar, wenn die Marketingziele genau definiert werden. Sie müssen ständig Fragen stellen, zum Beispiel: Welche Ziele sollen mit den Maßnahmen erreicht werden? Ziele sollten so vorformuliert beziehungsweise vorgegeben werden, dass sie in Bereichen, die den Absatz betreffen, messbar sind. Messbar ist zum Beispiel die Umsatz- und Gewinnentwicklung bei einzelnen Produkten, bei Kundengruppen, die mit dem Angebot erreicht werden, sowie die Kundenschichten, die mit den Werbebotschaften erreicht werden sollen. Daneben gibt es auch „immaterielle" Ziele wie Erhöhung des Bekanntheitsgrades oder auch positive Bewertung des Produkt- und Leistungsprogramms durch die Kunden.

 Tipp 3: Finden Sie Ihre „Nische"

Achten Sie besonders darauf, dass Ihr Produkt- und Leistungsprogramm nicht mit einer Vielzahl von Konkurrenzprodukten kollidiert und in einem bereits besetzten Markt kaum Absatzchancen hat. Belegen Sie eine Marktnische, die Ihnen auch ausreichende Umsätze ermöglicht. Achten Sie beim Aufbau Ihres Sortiments auf den Kundengeschmack. Ergänzen Sie Ihr Programm mit Angeboten, die auch zukünftig noch nachgefragt werden. Trennen Sie sich aber auch von „Ladenhütern", die kaum Umsätze bringen und nur Mittel binden, die anderweitig besser und gewinnbringender eingesetzt werden könnten.

 Tipp 4: Vermeiden Sie Niedrigpreise

Der Preis spielt eine wichtige Rolle, den Kunden für Ihr Angebot zu gewinnen. Er ist aber nicht das alleinige Kriterium für den Kunden, sich für ein Angebot zu entscheiden. Entziehen Sie sich dem reinen Preiswettbewerb, indem Sie Ihren Produkten einen zusätzlichen Nutzen verschaffen, der Ihr Angebot durch ein oder mehrere Merkmale vom Konkurrenzangebot abhebt beziehungsweise unterscheidet.

Tipp 5: Service, Service, Service

Der Kundenservice spielt bei der Kundengewinnung eine herausragende Rolle. Sie können damit Ihre Kunden langfristig an das Unternehmen binden. Besonders bei technisch anspruchsvollen und hochwertigen Produkten ist ein gut funktionierender Kundenservice Grundvoraussetzung für die Kaufentscheidung des Kunden.

Tipp 6: Gehen Sie auf Kundenwünsche ein

Der Kunde entscheidet sich für ein Angebot, wenn dadurch seine individuellen Bedürfnisse befriedigt werden können. Er verlangt individuelle Problemlösungsangebote. Nur so kann eine Bindung des Kunden an das Unternehmen bewirkt und gefestigt werden. Er wird, indem er Präferenzen für das Unternehmen und dessen Produkt- und Leistungsprogramm entwickelt, zum Stammkunden.

 Tipp 7: Sprechen Sie Kunden persönlich an

Der Kunde will persönlich angesprochen werden. Darüber hinaus will er durch entsprechende Servicemaßnahmen weiter betreut, ständig informiert und nach seinen Bedürfnissen und Wünschen gefragt werden.

 Tipp 8: Werden Sie einzigartig

Um im Wettbewerb überleben zu können, muss ein Angebot mindestens ein Alleinstellungsmerkmal und damit einen Wettbewerbsvorteil gegenüber den Mitbewerbern besitzen. Auf vielen Märkten herrschen Marktsättigung und Überkapazitäten. Der Verdrängungswettbewerb ist als normal anzusehen. Die finanzstarken Unternehmen verdrängen aufgrund ihrer Marktmacht die kleinen und finanzschwachen Anbieter. Der Trend in der Wettbewerbswirtschaft, dass vor allem die Starken überleben, setzt sich fort und wird sich auch in Zukunft weiter beschleunigen. Als Gegenmaßnahmen sollten kleinere und finanzschwächere Anbieter pfiffige Ideen zur Kundengewinnung entwickeln, die sich von den oft standardisierten Angeboten und Werbeaktivitäten größerer Anbieter unterscheiden.

 Tipp 9: Weniger ist mehr

Um im Wettbewerb bestehen und im Markt sich durchsetzen zu können, sollten Sie sich auf höchstens drei Merkmale, die Ihr Angebot auszeichnen und von Wettbewerberangeboten unterscheiden, beschränken. Ziel ist die klare Entwicklung eines eigenen Profils, mit dem Sie sich und Ihr Angebot von der Konkurrenz unterscheiden. Sie sollten auch diese Unterschiede in Ihren Werbeaussagen klar herausstellen.

 Tipp 10: Kennen Sie Ihre Konkurrenten

Wer sich im Wettbewerb durchsetzen will, muss die Stärken und Schwächen der Konkurrenz kennen. Dieser Anspruch ist ebenso, wie die Bedürfnisse und Wünsche der Kunden zu kennen, eine unentbehrliche Voraussetzung für den Absatzerfolg.

Tipp 11: Werben Sie mit Ihren Alleinstellungsmerkmalen

Alleinstellungsmerkmale müssen vom Kunden auch tatsächlich wahrgenommen werden, um einen Wettbewerbsvorteil gegenüber der Konkurrenz erlangen zu können. Diese Vorteile zu kommunizieren, ist Aufgabe der Absatzwerbung. Sie rückt die Vorteile und damit den Nutzen für den Kunden in den Mittelpunkt der werblichen Aussagen. Der Kunde beziehungsweise der potenzielle Kunde muss diese besonderen Merkmale, die mit seinen Bedürfnissen und Wünschen übereinstimmen müssen, erkennen, um eine Kaufentscheidung treffen zu können.

Tipp 12: Analysieren Sie Ihre Kunden

Was der Kunde braucht, um seine Bedürfnisse und Wünsche befriedigen zu können, müssen Sie unbedingt herausfinden, um ein passendes Angebot anbieten zu können. Durch Markterkundung und Marktforschung lassen sich Rückschlüsse auf das Käuferverhalten gewinnen. Wichtig ist, Signale, die der Markt im Allgemeinen und der Kunden im Speziellen aussendet, richtig zu deuten und das Angebot entsprechend auf die Kundenbedürfnisse auszurichten.

Tipp 13: Der Kunde steht im Mittelpunkt

Die Kenntnisse der Kundenbedürfnisse und Kundenwünsche sind die Grundlage jedes Geschäftserfolges. Nur die Kunden sorgen dafür, dass das Unternehmen langfristig im Markt bestehen kann. Der Erfolg des Unternehmens hängt in erster Linie von den Kundenaufträgen ab, nicht von organisatorischen Maßnahmen oder betriebswirtschaftlichen Daten.

Tipp 14: Machen Sie Empfehlungsmarketing

Die beste und günstigste Werbung sind Referenzen, die von zufriedenen Kunden weitergegeben werden. Versuchen Sie deshalb, Ihre Kunden auf allen Ebenen Ihres Produkt- und Dienstleistungsangebotes zufrieden zu stellen. Entwickeln Sie Ihr Unternehmen und damit auch Ihre Angebote weiter. Ständige Verbesserung der Qualität und Ausführung zieht den Erfolg nach sich. Empfehlungen Ihrer Leistungen sind die Folge.

Tipp 15: Mit den Augen des Kunden sehen

Die Hauptaufgabe der Kommunikation besteht im Wesentlichen darin, ein Angebot zu formulieren, das nachhaltig im Gedächtnis des Kunden haften bleibt. Ein Produkt wird ebenso wie ein Unternehmen im Markt positioniert. Gut kommunizierte und damit positionierte Produkte hinterlassen im Markt immer einen positiven Eindruck. Versuchen Sie deshalb, Ihr Angebot mit den Augen Ihrer Kunden zu sehen. Die besonderen Merkmale Ihres Angebots müssen für die Kunden klar herausgearbeitet und erkennbar werden, damit diese sich die Vorteile einprägen können. Darüber hinaus muss sich das Angebot unverwechselbar von den Konkurrenzangeboten unterscheiden. Der Kunde muss klar differenzieren können, welche Angebote für seine Bedürfnisbefriedigung geeignet sind. Er muss den Nutzen beziehungsweise Zusatznutzen für sich erkennen können. Nur so wird sich der Kunde für Ihr Angebot entscheiden!

Tipp 16: Begeistern Sie Ihre Kunden

Vergessen Sie niemals, dass nur Ihre Kunden über Erfolg oder Misserfolg Ihres Angebotes entscheiden. Betrachten Sie Ihren Kunden als echten Marktpartner, der für sein Geld eine adäquate Leistung erwarten kann und auch verlangt. Nur wenn er mit der Leistung zufrieden ist, wird er zum langfristigen Kunden. Das geschieht aber nicht von selbst, Sie müssen um diese Bindung auch mit entsprechenden Serviceleistungen „kämpfen". Ein weiterer Pluspunkt ist dann gegeben, wenn der Kunde mit Ihrer Leistung zufrieden ist und Empfehlungen in seinem Bekannten- und Verwandtenkreis ausspricht. Damit wird ein guter Nährboden für eine langfristige Kundenbindung geschaffen.

Tipp 17: Verzichten Sie nie auf Werbung

Wirtschaftlich mit den vorhandenen finanziellen Mitteln umgehen heißt nicht „am falschen Ende" sparen. Werbung ist für jedes Unternehmen grundlegend wichtig, um langfristig überleben zu können. Woher sollte denn ein potenzieller Kunde sonst wissen, was Sie anbieten und welche Vorteile Ihr Angebot für ihn hat? Sie sollten jedoch Ihren Werbeetat so planen, dass er in einem vernünftigen Verhältnis zu Ihren finanziellen Möglichkeiten steht. Nicht die Höhe der Mittel ist für den Werbeerfolg entscheidend, sondern wie Werbung gemacht wird. Mit Fantasie und Zielklarheit lassen sich auch bei einem bescheidenen Werbeetat gute Erfolge erzielen. Auch mit relativ wenigen finanziellen Mittel können Existenzgründer erfolgreich sein, wenn die Werbung pfiffig, originell, einprägsam und klar zielgruppenorientiert ist.

Tipp 18: Achten Sie auf den Kundennutzen

Bei der Kaufentscheidung des Kunden steht nicht das Produkt oder die Dienstleistung im Vordergrund, sondern der Nutzen beziehungsweise Zusatznutzen. Die Chancen im Wettbewerb erhöhen sich beträchtlich, wenn der Kunde Vorteile durch den Erwerb des Produktes für sich erkennen kann, die ihn helfen, seine Probleme zu lösen.

Tipp 19: Lernen Sie verkaufen

Verkaufsgespräche sind immer noch die beste Möglichkeit, auf die Entscheidung des Kunden Einfluss zu nehmen. Viele Verkäufe werden durch die persönliche Qualität des Verkäufers und die Art seiner Argumentation eingeleitet und getätigt. Steht der Kunde sowohl der Person des Verkäufers als auch der Art seiner Argumentation skeptisch gegenüber, so ist der Kaufentschluss gefährdet oder gar unmöglich. Der Kunde entwickelt eine unterschwellige Ablehnung sowohl dem Verkäufer als auch dem Produkt gegenüber; somit ist die Überzeugungskraft stark abgeschwächt. Eine grundlegende Übereinstimmung von Angebot und Kundeninteresse ist dann nicht mehr gegeben. Befassen Sie sich deshalb intensiv mit verkaufstechnischen und psychologischen Aspekten des Verkaufens. Der Kunde wird Ihre Kompetenz spüren und offen mit Ihnen verhandeln.

Tipp 20: Machen Sie immer Marketing

Marketing müssen Sie als ständige Herausforderung an Ihre Leistungsfähigkeit sehen und als dauerhafte Aufgabe begreifen. Die Notwendigkeit, sich auch als kleines Unternehmen ständig den Markterfordernissen und den Marktveränderungen anzupassen, wird sich zukünftig noch erhöhen. Kundenwünsche und Kundenbedürfnisse ändern sich ständig, denn nur die Veränderung bleibt konstant. Neue Konkurrenten treten in den Markt ein und schöpfen einen Teil der Kaufkraft ab. Ebenso bewirken konjunkturelle Veränderungen rückläufige Umsätze und verminderte Gewinne. Stellen Sie Ihre Unternehmenspolitik auf diese Veränderungen ein. Entwickeln Sie längerfristige Marketingstrategien.

8. So finanzieren Sie Ihr Marketing

„Zuerst muss ich Geld verdienen, danach kann ich mehr für Marketingmaßnahmen ausgeben!"

Diese in sich widersprüchliche und auch sachlich unsinnige Aussage hört man leider des Öfteren, wenn es darum geht, Existenzgründer, aber auch etablierte Kleinunternehmer von der Wichtigkeit kontinuierlicher Werbung und anderer, für den erfolgreichen Unternehmensaufbau und die langfristige Etablierung des Unternehmens im Markt entscheidenden Marketingmaßnahmen zu überzeugen. In Zeiten, die gekennzeichnet sind von Absatzflauten und rückläufigen Umsätzen, ist immer wieder zu bemängeln, dass der Etat für Marketingmaßnahmen, und hier speziell für Werbemaßnahmen, „eingefroren" beziehungsweise drastisch zurückgefahren wird. Die Marktkommunikation hat offensichtlich noch immer nicht den Stellenwert, der ihr zusteht beziehungsweise zustehen sollte. Das hängt natürlich auch mit Informationsdefiziten zusammen – insbesondere über Finanzierungsmöglichkeiten von Markterschließungs- und Marktfestigungsmaßnahmen.

Dabei ist es durchaus möglich, auch mit einem kleinen Marketingbudget werbewirksam aufzutreten, wenn die zur Verfügung stehenden Mittel wirtschaftlich und zielorientiert eingesetzt werden.

Grundsätzlich müssen Ziele so formuliert werden, dass sie dem Unternehmenszweck dienen. Existenzgründer haben andere Ziele als etablierte Unternehmen, kleine Unternehmen andere als große.

Bei Existenzgründern steht die Bekanntmachung des Unternehmens und der Angebote im Mittelpunkt der Zielsetzung, bei etablierten Unternehmen die Markt- und Imagepflege. Denken Sie daran, dass die Weichen für ein erfolgreiches Geschäft schon in der Eröffnungsphase gestellt werden. Eine gut vorbereitete und gezielt durchgeführte Eröffnungswerbung ist bereits Grundlage, um beim potenziellen Kunden schnell bekannt zu werden und ein positives Image aufzubauen. In der Markteinstiegsphase wird bereits der Grundstein für den späteren Geschäftserfolg gelegt. Werbemaßnahmen sollten deshalb für die Geschäftseröffnung besonders intensiv durchgeführt werden.

Bei neuen Unternehmen wird immer wieder die Frage gestellt: „Wie viel von meinem Gesamtetat soll ich für Werbemaßnahmen zur Kundengewinnung einsetzen?"

Wie bereits festgestellt, hängt der Etat für die Eröffnungswerbung von der Größe und dem Umfang der geplanten Geschäftsaktivitäten, der Branche und der Zielsetzung des Unternehmers ab. Er sollte jedoch etwas höher angesetzt werden als für die laufende Werbung während der Aufbau- und Festigungsphase. Für die laufende Werbung nach der Gründungsphase sollten ungefähr 3 bis 4 Prozent des geplanten Umsatzes einkalkuliert werden. Achten Sie jedoch darauf, dass Sie die Mittel entsprechend der Größe und Zielsetzung Ihres Geschäfts einsetzen. Vermeiden Sie unsinnige Werbeaktionen, die Ihnen kaum zusätzliche Kunden bringen. Es hat zum Beispiel keinen Sinn, wenn Sie eine teure Anzeige in einer überregionalen Zeitung schalten, wenn Ihre Kunden vor allem aus der Stadt beziehungsweise Region kommen, in der sich Ihr Geschäft befindet. Hier wäre es sicherlich sinnvoll, sich mit den Preisen für die Regionalausgaben von Tageszeitungen etwas näher zu beschäftigen oder auch mit Anzeigenblättern in kleineren Gemeinden sowie mit Stadtteilanzeigern in größeren Städten. Die Anzeigenpreise sind wesentlich niedriger als in überregionalen Zeitungen. Bedenken Sie auch, dass sich die Qualität der Produkte beziehungsweise Dienstleistungen in der Qualität der Werbemittel widerspiegeln sollte. Die Werbung für Luxusartikel wird kaum den gewünschten Erfolg bringen, wenn Sie auf ein hochwertiges Produkt mit einem einfach gestalteten und qualitativ einfachen Handzettel hinweisen. Dagegen ist die Werbung für Sonderangebote, die zum Beispiel große Ketten anbieten, oftmals einfach gestaltet und ohne finanziellen Aufwand konzipiert. Grundsätzlich gilt deshalb für werbliche Maßnahmen: Die Werbegestaltung muss sich an den angebotenen Produkten und Dienstleistungen orientieren. Hochwertige Produkte und Dienstleistungen müssen deshalb auch mit aufwendigen Werbemitteln beworben wer-

den. Für günstige Angebote genügt die etwas preiswertere Ausführung.

Um Ihren Werbeetat nach den Gesichtspunkten der Wirtschaftlichkeit auf die einzelnen Werbemittel und Werbeträger zu verteilen, sollten Sie sich intensiv mit den verschiedenen Werbemöglichkeiten beschäftigen. Allein die Produktwerbung ist jedoch nicht ausreichend. Sie sollten sich auch verstärkt um das Erscheinungsbild Ihres Unternehmens kümmern und mit den Facetten des *Corporate Design* etwas näher beschäftigen. Suchen Sie sich einen Spezialisten, der Ihnen ein einprägsames Firmenlogo entwirft (Schriftzug, Firmensignet), mit dem Sie immer nach außen hin werben und auftreten. Professionell aufgemachte Briefbögen, Geschäftspapiere und Rechnungen machen auf den Kunden immer einen positiven Eindruck. Die Kosten hierfür sind nicht besonders hoch. Sie können damit eine Druckerei oder einen Copy Shop beauftragen, die Ihr Erscheinungsbild durch entsprechende Logos und Farben „kundenfreundlich" gestalten. Auch hier gilt: Vergleichen Sie die einzelnen Angebote! Durch entsprechende Preisvergleiche für die Eröffnungswerbung, aber auch darüber hinaus, lässt sich erheblich Geld einsparen, das für andere Aktionen zusätzlich gewinnbringend eingesetzt werden kann. Vermeiden Sie jedoch mindere Qualität, indem Sie „am falschen Ende" sparen. Ein qualitativ hochwertiges Erscheinungsbild spiegelt sich mittel- und langfristig in einem positiven Produkt- und Firmenimage wider.

Um die ersten Marketingmaßnahmen beziehungsweise bei kleinen Unternehmen die ersten Werbemaßnahmen zu finanzieren, sollten Sie öffentliche Förderprogramme in Anspruch nehmen. Viele Programme schließen die Möglichkeit der Betriebsmittelfinanzierung mit ein. Informieren Sie sich auch beim Kundenberater Ihrer Hausbank über Möglichkeiten der Gründungs- und Aufbaufinanzierung im Allgemeinen und der Betriebsmittelfinanzierung im Besonderen. Die einzelnen Förderprodukte werden auch für *Markterschließungsmaßnahmen* angeboten, um dem Existenzgründer den Weg in den Markt zu erleichtern.

Prioritäten zugunsten von Markterschließungs- und Marktfestigungsmaßnahmen im Finanzplan festlegen

Bedenken Sie, dass Marketingmaßnahmen nicht nur über Fremdmittel finanziert werden sollten. Wichtig ist auch, Einsparpotenziale im Ausgabengefüge zu erkennen und Prioritäten für die Disposition der finanziellen Mittel festzulegen. Dies kann besonders im Bereich der Verwaltung geschehen. Bei der Budgetverteilung sollten Sie den Marketingausgaben und hier speziell den Werbeausgaben besondere Aufmerksamkeit widmen. Legen Sie die finanziellen Mittel, die Ihnen zur Verfügung stehen, so an, dass die Vermarktungsseite Ihrer Produkte beziehungsweise Dienstleistungen besonders berücksichtigt wird. Die Mittel können zum Beispiel eingesetzt werden für hochwertige Prospekte und Kataloge, für den Aufbau eines Telefonverkaufs, für die Schulung des Verkaufspersonals, sowohl

unter dem Gesichtspunkt der Kundenorientierung als auch in Hinblick auf einen kundenfreundlichen Service. Verwenden Sie die öffentlichen Darlehen und den von der Hausbank eventuell eingeräumten Betriebsmittel- beziehungsweise Kontokorrentkredit vor allem für die Vermarktung Ihres Angebotes, nicht für nicht unbedingt notwendige Ausgaben im Verwaltungsbereich, die Sie und Ihr Unternehmen nicht weiterbringen. Die Angebotsvermarktung muss absolute Priorität vor anderen Ausgaben haben. Daraufhin sollten Sie auch Ihren Finanzplan und die Disposition Ihrer Mittel, über die Gründungs- und Aufbauphase hinaus, organisieren und planen.

Marketingausgaben im Businessplan besonders herausstellen

Für die Vorstellung Ihrer Geschäftsidee beziehungsweise Ihres Geschäftskonzeptes bei Banken und anderen Investoren ist die Erstellung eines Geschäftsplans Grundlage, um überhaupt an finanzielle Mittel zu gelangen. Unter der Rubrik *„Finanzierung und Finanzplanung"* sollten Sie besonders auf die von Ihnen vorgesehenen Ausgaben für Marketing- beziehungsweise Markterschließungsmaßnahmen hinweisen. Dazu gehört auch, besonders herauszustellen, welchen Betrag Sie zum Beispiel für die Eröffnungswerbung und die laufende Absatzwerbung veranschlagt haben. Dazu kommt noch, welche Ausgaben Sie für die Erstellung eines nach außen gerichteten Unternehmensbildes (Corporate Design) mit eingeplant haben. Der Geldgeber will vor allem wissen, mit welchen Instrumenten und Maßnahmen

Sie in den Markt gelangen wollen und die Marktbearbeitung durchführen. Natürlich sind Ausgaben für Marketingmaßnahmen nur ein Teil der zu finanzierenden Kosten – jedoch der wichtigste. Wie Sie einen aussagefähigen Businessplan erstellen können, können Sie auch dem bei BusinessVillage erschienenen Band 2 entnehmen: *Praxis der Existenzgründung. „Die Finanzen im Griff" – Erfolgreiche Finanzplanung und Finanzkontrolle.*

Finanzierung von Markterschließungs- und Marktfestigungsmaßnahmen durch öffentliche Fördermittel

Unternehmerkapital „Kapital für Gründung"

Existenzgründer und junge Unternehmen können bis zwei Jahre nach der Geschäftsaufnahme eigenkapitalähnliche Mittel in Form langfristiger Nachrangdarlehen beantragen.

Gefördert werden Gründungs- beziehungsweise Investitionsvorhaben, die eine nachhaltige tragfähige gewerbliche oder freiberufliche Vollexistenz erwarten lassen. Folgende Vorteile sind damit verbunden:

▨ Die Darlehen werden dem Eigenkapital zugerechnet. Damit wird die Eigenkapitalbasis des neuen Unternehmens gestärkt. Das führt dazu, dass die Aufnahme von Fremdkapital wesentlich erleichtert wird.

▨ Die KfW haftet durch das Nachrangdarlehen für einen eventuellen Kreditausfall der Geschäftsbank gegenüber, die den Antrag für den Kreditnehmer bei der KfW stellt. Das heißt, sie übernimmt die volle Haftung, sollte der Kredit vom Kreditnehmer nicht zurückgezahlt werden können. Die Bank wird damit von der Rückzahlungsverpflichtung an die KfW entbunden. Der antragstellenden Bank (Hausbank) wird damit die Entscheidung, dem Kreditantrag zuzustimmen, wesentlich erleichtert.

▨ Der Gründer beziehungsweise Unternehmer muss keine Sicherheiten stellen. Ein Nachweis über fachliche und kaufmännische Qualifikationen für das Gründungsvorhaben muss jedoch erbracht werden.

▨ Der Kreditnehmer muss in seiner unternehmerischen Entscheidungsfreiheit weitestgehend unabhängig sein.

Gefördert werden durch dieses Förderprogramm betriebsnotwendige Investitionen (zum Beispiel Gründstücks- und Gebäudekosten, Ausgaben für Betriebs- und Geschäftsausstattung, Maschinen). Ebenso kann die Beschaffung und Aufstockung des Warenlagers kann mit finanziert werden.

Markterschließungsaufwendungen können ebenfalls im Rahmen diese Förderprogramms mitfinanziert werden, wobei besonders darauf zu achten ist, dass die Ausgaben für die Markterschließung „Einmalcharakter" haben müssen. Die Mittel dürfen also nur für Aktivitäten verwendet werden, die den Einstieg in den Markt im Rahmen der Existenzgründung und des Existenzaufbaus erleichtern. Das sind insbesondere Ausgaben für folgende Maßnahmen:

▨ Kosten für die Beratung und Erstellung eines ersten Werbekonzeptes

▨ Maßnahmen zur Anknüpfung konkreter Geschäftskontakte

▨ Kosten für einmalige Informationserfordernisse bei der Erschließung neuer Märkte (zum Beispiel für Marktanalysen, Marktforschung und Marktinformationen)

▨ Kosten für die Teilnahme an oder den Besuch von geschäftlich wichtigen Messen und Ausstellungen

▨ Kosten für die Ausbildung von Handelsvertretern

15 Prozent der gesamten Investitionssumme sollte der Antragsteller aus eigenen Mitteln erbringen. Diese Mittel können mit dem Unternehmerkapital „Kapital für Gründung" auf maximal 40 Prozent des gesamten Kapitalbedarfs angehoben werden. Der Höchstbetrag dieses Programms liegt pro Antragsteller bei 500.000 Euro. Der Restbetrag muss durch andere Förderprogramme und ein Hausbankdarlehen finanziert werden.

In den ersten vier Jahren wird der Zinssatz um eine bestimmte Anzahl von Prozentpunkten verbilligt und steigt nach derzeitigem Stand unabhängig vom jeweiligen Risiko von null Prozent im ersten Jahr auf fünf Prozent im vierten Jahr.

Die Laufzeit des Darlehens beträgt maximal 15 Jahre, wobei nach spätestens sieben Jahren mit der Tilgung begonnen werden muss.

Unternehmerkredit – Betriebsmittelvariante

Mit dem Unternehmerkredit – Betriebsmittelvariante fördert die KfW Mittelstandsbank mit zinsgünstigen Darlehen Maßnahmen mittelständischer Unternehmen der gewerblichen Wirtschaft und der freien Berufe, die im Rahmen einer effizienten **Markterschließung, Marktbearbeitung** und **Erhöhung der Wettbewerbsfähigkeit** wichtig sind.

Mit dem Programm Unternehmerkredit – Betriebsmittelvariante können unter anderem Maßnahmen für Markterschließung und Marktstabilisierung gefördert werden, wobei die Verwendung der Mittel nicht an klar umrissene Aktivitäten gekoppelt ist, wie das beim Programm „Kapital für Gründung" vorgesehen ist. Der Kreditnehmer ist bei seinen Entscheidungen, welche Maßnahmen er im Rahmen der Marktbearbeitung durchführt, nicht an Vorgaben gebunden, sondern allein von seinen Zielsetzungen im Rahmen seines Marketings abhängig. Die Mittel können zum Beispiel für folgende Marketingaktivitäten eingesetzt werden:

▨ Erstellung eines neuen Marketingkonzeptes zur effizienteren Marktbearbeitung

▨ Maßnahmen zur Kundengewinnung

▨ Maßnahmen, die eine langfristige Kundenbindung fördern

▨ Schulung von Vertriebsmitarbeitern

▨ Aufwendungen, die für die Teilnahme an Fachmessen und Ausstellungen im In- und Ausland notwendig sind

▨ Ausdehnung der Exportaktivitäten

Der Darlehenshöchstbetrag liegt in der Regel bei 5 Millionen Euro. Er kann bis zu 75 Prozent der förderungsfähigen Investitionskosten abdecken. Die Laufzeit des Kredits beträgt zehn Jahre, bei höchstens zwei tilgungsfreien Anlaufjahren. Die Absicherung muss banküblich erfolgen. Welche Sicherheiten hierfür in Frage kommen, muss zwischen Hausbank und Kreditnehmer vereinbart werden. Eine teilweise Haftungsfreistellung kann vereinbart werden.

Unternehmerkapital „Kapital für Arbeit und Investitionen"

Das Programm „Kapital für Arbeit und Investitionen" richtet sich an etablierte Unternehmen der gewerblichen Wirtschaft sowie Freiberufler, deren Geschäftsaufnahme bereits mehr als fünf Jahre zurückliegt. Gefördert werden alle Investitionen in Deutschland, die einer langfristigen Mittelbereitstellung bedürfen, einen nachhaltigen wirtschaftlichen Erfolg erwarten lassen und mit denen Arbeitsplätze geschaffen und gesichert werden. Dazu zählen zum Beispiel Grundstücke und Gebäude, Baumaßnahmen, Kauf von Maschinen, Anlagen und Einrichtungsgegenständen oder auch die Betriebsübernahme und tätige Beteiligungen.

Ausgeschlossen von der Förderung sind Umschuldungs- und Nachfinanzierungsmaßnahmen.

Darüber hinaus können Betriebsmittel anteilig in Höhe von 20 Prozent der geförderten Investitionskosten mitfinanziert werden. Diese Betriebsmittel können sich auch auf Markterweiterungs- und Marktfestigungsmaßnahmen erstrecken. Grundvoraussetzung ist jedoch, dass der zu erwartende Beschäftigungseffekt vom Antragsteller nachgewiesen wird.

Weitere wichtige Förderprogramme für Existenzgründer und junge Unternehmen, die eine Förderung von Markterschließungsmaßnahmen einschließen:

Start-Geld

Gründer mit geringem Finanzierungsbedarf haben vielfach Probleme, die geeignete Finanzierung zu finden. Hierbei kann das Start-Geld der KfW Mittelstandsbank helfen.

Antragsberechtigt sind Gründer, die sich im Bereich der gewerblichen Wirtschaft oder als Angehöriger der freien Berufe (einschließlich der Heilberufe) selbstständig machen. Hierbei kann es sich zunächst um einen Nebenerwerb handeln. Die Gründung kann in Form der Neugründung oder der Betriebsübernahme oder durch die tätige Beteiligung – mit Geschäftsführungsbefugnis – erfolgen. Gefördert werden sowohl

Sachinvestitionen als auch Umbauten und ein erstes Warenlager.

Auch zur Betriebsmittelfinanzierung kann das Darlehen verwendet werden und Markterschließungsaktivitäten einschließen (zum Beispiel Erstellung eines Marketingkonzeptes, Durchführung von Werbemaßnahmen oder auch die Erstellung einer Marktexpertise). Die Verwendung der Mittel ist hier nicht an fest vorgegebene Aktivitäten mit „Einmalcharakter" gebunden, wie dies bei dem Programm „Kapital für Gründung" für die Förderung vorgesehen ist. Der Gründer ist bei diesem Programm in seinen Entscheidungen, für welchen Markterschließungszweck die Mittel eingesetzt werden, allein von seinen Zielen und Prioritäten abhängig.

Die Darlehenshöhe beläuft sich auf maximal 50.000 Euro. Der Antragsteller darf nicht bereits selbstständig sein. Mit dem zu finanzierenden Vorhaben soll bei der Antragstellung noch nicht begonnen worden sein. Die Kombination mit anderen öffentlichen Förderprogrammen ist nicht möglich. Das Darlehen muss banküblich abgesichert werden. Auch bei fehlenden Sicherheiten ist eine Finanzierung möglich, da die KfW zusammen mit dem Europäischen Investitionsfonds (EIF) obligatorisch eine 80-prozentige Haftungsfreistellung gewährt. Die KfW erstattet mit der EIF zusammen der Hausbank den Darlehensbetrag zurück, falls der Darlehensnehmer den Betrag nicht zurückzahlen kann.

Die Laufzeit beträgt bis zu zehn Jahre, davon sind zwei Jahre tilgungsfrei gestellt. Der Finanzierungsanteil beträgt bis zu 100 Prozent der Investitions- und Betriebsmittelaufwendungen.

Mikro-Darlehen

Viele Unternehmen werden als Kleingründungen begonnen. Sie werden sehr oft als Nebenerwerb oder aus der Arbeitslosigkeit heraus gegründet. Auch steigt der Anteil an Dienstleistungsunternehmen, die traditionell einen geringen Finanzierungsbedarf haben. Dafür hat die KfW Mittelstandsbank des Bundes speziell ein Förderprodukt mit einem schnellen und unbürokratischen Antrags- und Entscheidungsverfahren entwickelt. Mit dem Mikro-Darlehen können auch erneute Unternehmensgründungen „als zweite Chance" finanziert werden. Voraussetzung ist, dass Verpflichtungen aus der ersten Gründung das Vorhaben nicht belasten.

Antragsberechtigt sind natürliche Personen, insbesondere Arbeitslose, Ausländer sowie Aussiedler und Spätaussiedler, die die deutsche Staatsangehörigkeit besitzen. Auch kleine Unternehmen im Bereich der gewerblichen Wirtschaft und der freien Berufe mit bis zu zehn Beschäftigten werden gefördert.

Finanziert werden gewerbliche und freiberufliche Existenzgründungen, Kauf und Pacht eines Unternehmens sowie die Übernahme einer tätigen Beteiligung. Gefördert wird auch eine anfängliche Nebenerwerbstätigkeit, wenn für später eine Vollerwerbstätigkeit vorgesehen ist. Die Förderung erstreckt sich auch auf eine Festigungsphase von bis zu drei Jahren nach Aufnahme der Selbstständigkeit.

Im Rahmen der Betriebsmittelförderung können auch Maßnahmen gefördert werden, die für die Markterschließung beziehungsweise Kundengewinnung wichtig und notwendig sind.

Das können zum Beispiel folgende Maßnahmen sein:

▨ Erstellung eines Marketing- beziehungsweise Werbekonzepts
▨ Finanzierung von Werbemaßnahmen (zum Beispiel Zeitungswerbung, Mailorder)
▨ Kosten für Expertisen und Marktgutachten
▨ Erstellung eines Standortgutachtens
▨ Finanzierung der Teilnahme an Messen und Ausstellungen
▨ allgemeine Maßnahmen zur Kundengewinnung und Kundenbindung
▨ Maßnahmen für Kundenpflege und Kundenservice

Die Darlehenshöhe beläuft sich auf 25.000 Euro. Zusammen mit eigenen Mitteln kann damit die Existenzgründung realisiert werden. Auch bereits bestehende Unternehmen mit maximal zehn Beschäftigten können dieses Angebot für ihre Investitionen während der ersten drei Jahre nach der Gründung nutzen. Auch bei Sicherheitsengpässen ist eine Förderung möglich, da die KfW zusammen mit dem Europäischen Investitionsfonds (EIF) obligatorisch eine 80-prozentige Haftungsfreistellung gewährt. Eine Kombination mit anderen öffentlichen Produkten ist jedoch nicht möglich.

Die Darlehenslaufzeit kann bis zu fünf Jahren betragen, davon sind sechs Monate tilgungsfrei. Der Finanzierungsanteil kann bis zu 100 Prozent der Investitions- und Betriebsmittelaufwendungen ausmachen.

Besonders zu beachten

Alle hier aufgeführten Förderhilfen müssen in der Regel vor *Beginn des Vorhabens* bei der Hausbank beantragt werden!
(Quelle der öffentlichen Förderprogramme: KfW Mittelstandsbank (www.kfw-mittelstandsbank.de))

Gründungs- und Aufbauprogramme der einzelnen Bundesländer

Auch die einzelnen Bundesländer bieten Personen, die sich selbstständig machen wollen, Gründungshilfen in Form von zinsgünstigen langfristigen Förderdarlehen an. Die Förderung ist entsprechend den Besonderheiten der einzelnen Bundesländer unterschiedlich gestaltet und den jeweiligen regionalen und wirtschaftlichen Erfordernissen angepasst. Die Darlehensförderung schließt in einigen Programmen auch die Betriebsmittelförderung ein, die sich auch auf Markteinstiegs- und Marktfestigungsmaßnahmen erstreckt. Informationsstellen sind die Industrie- und Handelskammern, Handwerkskammern, Wirtschaftsministerien, staatliche Banken sowie Geschäftsbanken.

Auch hier müssen die Anträge vor Beginn des Vorhabens über die Hausbank beantragt werden.

Auslandsmessebeteiligung

Internationale Fachmessen und Ausstellungen bieten eine hervorragende Möglichkeit, ausländische Märkte zu erschließen. Hier finden Sie passende Kooperations- und Vertriebspartner. Messen bieten Ihnen auch gute Gelegenheit, Ihre Geschäftsbeziehungen anzubahnen und zu pflegen, Marktentwicklungen frühzeitig erkennen sowie Wettbewerber zu beobachten. Die Pflege des Firmenimage ist ein weiterer Pluspunkt für eine Messepräsenz Ihres Unternehmens in einem internationalen Umfeld.

Die Auslandsmessebeteiligung neuer und bereits etablierter Unternehmen an ausgesuchten internationalen Fachmessen und -ausstellungen wird auch von staatlicher Seite unterstützt und gefördert. Teilnahmeberechtigt sind Unternehmen mit Sitz in der Bundesrepublik Deutschland sowie deren ausländische Niederlassungen und Vertretungen mit Ausstellungsgütern, die in der Bundesrepublik Deutschland oder von deutschen Niederlassungen im Ausland beziehungsweise in deutscher Lizenz hergestellt werden.

Die an der amtlichen Beteilung teilnehmenden Unternehmen entrichten einen Beteiligungspreis für die Betreuung durch die Durchführungsgesellschaft im Inland und am Veranstaltungsort, für die Überlassung der Ausstellungsfläche und für weitere organisatorische und technische Leistungen. Das Auslandsmesseprogramm kommt den Firmen indirekt zugute. Direkte Zahlungen an den Aussteller werden nicht geleistet.

Informationsstelle: Bundesamt für Wirtschaft und Ausfuhrkontrolle (BAFA) Internet: www.bafa.de

Messegemeinschaftsstände – kostengünstige Teilnahme an Messen

Neue Unternehmen wählen sehr oft bei ihren Messeauftritten die Form des Gemeinschaftsstandes, um ihre Produkte beziehungsweise Dienstleistungen einem breiten Publikum vorzustellen. Besondere Vorteile von Gemeinschaftsständen sind in einer kostengünstigen Teilnahme, Übernahme der Organisation, attraktiven Standgestaltung sowie finanziellen Förderung im Rahmen der Mittelstandsförderung zu sehen.

Informationsstellen: Industrie- und Handelskammern, Handwerkskammern, Fachverbände

Kompetenzzentren für Internet-Marketing

Zielgerichtetes Management zur Verbesserung und Stabilisierung der Kundenbeziehungen sowie strategisch angelegtes Marketing sind unverzichtbare Bestandteile des Unternehmenserfolgs kleiner und mittlerer Unternehmen. Mit der Nutzung innovativer Medien und Instrumente lassen sich neue und bestehende Beziehungen zum Kunden wesentlich besser optimieren, Marketingmaßnahmen effektiver durchführen und somit die Wettbewerbsfähigkeit deutlich erhöhen. Das Internet sollte als Kommunikationsmittel in das aktive Kundenbeziehungsmanagement integriert werden.

Auf der Informationsplattform des *Netzwerks Elektronischer Geschäftsverkehr*, einer Fördermaßnahme des Bundesministeriums für Wirtschaft und Technologie (BMWi), kann sich jeder Existenzgründer, Mittelständler und Handwerker über die Einführung und Nutzung des E-Business für seine Marketingstrategie umfassend informieren. Das Angebot umfasst neben den Materialien und Beispielen auf der Website auch die kostenlose und neutrale Einstiegsberatung bei einem der entsprechenden Kompetenzzentren. Das Netzwerk Elektronischer Geschäftsverkehr informiert kompetent und umfassend zu E-Business-Themen wie **Kundenbeziehungen und Marketing,** Logistik, Kooperationen, Beschaffung und Märkte sowie Netz- und Informationssicherheit.

Für den interessierten Existenzgründer, Jungunternehmer oder auch etablierten Mittelständler beziehungsweise Freiberufler hat das BMWi 25 Kompetenzzentren im gesamten Bundesgebiet installiert, um Beratung und Informationen für eine effizientere Marktbearbeitung zu ermöglichen. Darüber hinaus gibt es weitere branchenorientierte Netzwerkpartner (zum Beispiel für Handel und Touristik).
(Quelle: BMWi Internet: www.nc-net.de)

Firmengründer nutzen Messen

Ein Drittel der Firmengründer wollen sich an Messen beteiligen. Fast 30 Prozent der Unternehmen, die höchstens vier Jahre alt sind, wollen sich künftig mehr an Messen beteiligen, nur 15% weniger.

Dies ist eines der Ergebnisse einer repräsentativen Befragung deutscher Aussteller im Auftrag der AUMA. Insgesamt wollen über 30 Prozent der deutschen Aussteller ihre Ausstellungsetat erhöhen und nur 16 Prozent senken. Dabei planen insbesondere junge Firmen, mehr Geld für Messen auszugeben, rund 50 Prozent wollen ihren Messeetat erhöhen, 15 Prozent reduzieren.

(Quelle: Ausstellungs- und Messe-Ausschuss der Deutschen Wirtschaft (AUMA) Internet: www.auma.de)

9. Glossar: Marketingbegriffe von A bis Z

Absatz

Bezeichnung der zeitlich letzten Phase des betrieblichen Leistungsprozesses, in deren Mittelpunkt die Verwertung der betrieblichen Leistung im Markt steht. Der Absatz umfasst die Vermarktung über die so genannten absatzpolitischen Instrumente. Dazu zählen die Produktpolitik, die Preispolitik, die Distributionspolitik und die Kommunikationspolitik. Auch die Menge der verkauften Güter wird häufig als Absatz bezeichnet.

AIDA-Formel

Stufenmodell mit vier Wirkungsstufen, das Ziele der Werbewirkung beschreibt. Die erste Stufe ist, Aufmerksamkeit (attention) zu erregen, damit die Maßnahmen der Werbung überhaupt erst einmal wahrgenommen werden. Durch diese Wahrnehmung der Werbebotschaft soll ein grundsätzliches Interesse (interest) an dem Angebot folgen. Ist dieses Ziel erreicht und der Besitzwunsch damit initiiert und aufgebaut, folgt die nächste Stufe, nämlich die Verfestigung des Besitzwunsches (desire), das heißt, es besteht die feste Absicht, das Gut käuflich zu erwerben. Schließlich wird das Produkt im Markt abgesetzt. Der Kauf wird vollzogen (action).

Angebot

Das Angebot ist eine Willenserklärung des Anbieters an eine Person, zu bestimmten Bedingungen eine Ware zu verkaufen oder eine Leistung zu erfüllen. Das Angebot muss klar und vollständig formuliert sein, um einen Vertragsabschluss herbeiführen zu können.

Für die rechtliche Bindung eines Angebots gilt eine bestimmte Frist. Der Anbieter ist in einer bestimmten Zeit grundsätzlich an sein Angebot gebunden. Er kann nachträglich keine Änderung der Verkaufsbedingungen vornehmen, zum Beispiel indem er den Preis nach oben verändert oder die Liefer- und Zahlungsbedingungen ändert. Die rechtliche Bindung kann nur dann aufgehoben werden, wenn eine Freizeichnungsklausel verwendet wird.

Benchmarking

Vergleich der unternehmenseigenen Strukturen, Produkte und Verfahrensweisen mit den stärksten Wettbewerbern. Ziel dieses Vergleichs ist es, die eigene Leistungsfähigkeit zu steigern. Richtschnur ist in der Regel der Vergleich mit dem Marktführer. Dadurch sollen eigene Schwächen aufgedeckt und die Lücken durch die Übernahme erfolgreicher Strategien und Prozesse auf das eigene Unternehmen geschlossen werden.

Break-Even-Point

Beginn der Gewinnphase eines Unternehmens nach einer Verlustphase. Für den Unternehmensgründer ist der BEP eine wichtige Größe im Rahmen der Finanz- und Umsatzplanung. Es kann festgestellt werden, wann und mit welchem Produkt die ersten Unternehmensgewinne erzielt werden.

Corporate Identity

Unter Corporate Identity versteht man das einheitliche Erscheinungsbild eines Unternehmens, unter dem es nach außen hin in Erscheinung tritt. Ein einheitlicher, unverwechselbarer Stil mit einem einprägsamen Firmensignet soll dem Kunden ein abgerundetes Firmenimage signalisieren und Vertrauen in die Produkte beziehungsweise Dienstleistungen des Unternehmens schaffen. Das Firmenlogo sollte in allen Marketing- und Werbemaßnahmen konsequent eingesetzt werden. Im Sinne der Corporate Identity sollten das Geschäftsdesign sowie Briefbogen und Rechnungsformulare einheitlich gestaltet sein. Das ist durch ein einprägsames Signet und einheitliche Unternehmensfarben am besten gewährleistet.

Direktwerbung

Sammelbezeichnung für alle Werbe- und Verkaufsmaßnahmen, bei denen mögliche Kunden gezielt und direkt angesprochen werden. Die Direktwerbung kann in Form eines persönlichen Gesprächs, Telefonats oder über die Zusendung von Werbebriefen mit persönlichem Anschreiben erfolgen. Die Empfänger werden in der Regel über Adressdateien ausgewählt.

Distributionspolitik

Die Distributionspolitik zählt zu den absatzpolitischen Instrumenten eines Unternehmens. Sie beinhaltet alle Entscheidungen und Maßnahmen, die den Vertrieb eines Produktes vom Hersteller hin zum Endverbraucher betreffen. Primäre Aufgabe der Distributionspolitik ist es, den Absatz von Produkten zu organisieren, Entscheidungen über die wirtschaftlichsten Absatzwege festzulegen und über die Auswahl der besten Vertriebswege und Vertriebssysteme zu entscheiden.

Diversifikation

Darunter wird die Ausweitung des Produktangebotes eines Unternehmens verstanden. Die Zielsetzung, die ein Unternehmen mit der Diversifikation verbindet, ist in den meisten Fällen die Verringerung des Absatzrisikos durch das größere Produktangebot und in Verbindung damit die Gewinnung neuer Zielgruppen auf bisher nicht angesprochenen Märkten. Es gibt unterschiedliche Diversifikationsformen: Bei der vertikalen Diversifikation bietet das Unternehmen Produkte derselben Produktstufe an. Bei der horizontalen Diversifikation nimmt das Unternehmen Produkte vor- und nachgelagerter Produktionsstufen in sein Produkt- und Leistungsprogramm auf. Die dritte Variante ist die laterale Diversifikation, bei der Produkte in das Angebot aufgenommen werden, die sich vom bisherigen Produktprogramm grundlegend unterscheiden und keinerlei Bezug zum bisherigen Produktprogramm haben.

Electronic Shopping

Darunter wird allgemein der elektronische Einkauf über das Internet verstanden. Kunden können von zu Hause aus einkaufen, indem sie sich im Internet über das Warenangebot von Anbietern informieren und ihre Bestellung aufgeben. Die Ware wird ihnen dann per Post oder andere Lieferserviceunternehmen direkt ins Haus geliefert. Diesen Vorgang bezeichnet man als Electronic Shopping. Seit einigen Jahren gibt es Anbieter, die ihre Produkte nur noch über dieses Medium anbieten (zum Beispiel Bücher, Computer).

Handelskette

Kooperation zwischen verschiedenen Groß- und Einzelhandelsbetrieben einer Branche, bei der die beteiligten Betriebe selbstständig bleiben. Die Zusammenarbeit erstreckt sich insbesondere auf Bereiche der Beschaffung, des Marketings und des Vertriebs der Waren.

Handelsmakler

Handelsmakler übernehmen gewerbsmäßig die Vermittlung von Verträgen über Gegenstände des Handelsverkehrs, ohne in einem ständigen Vertragsverhältnis zu ihrem Auftraggeber zu stehen.

Handelsspanne

Handelsspanne ist die von einem Handelsbetrieb erzielte Differenz zwischen dem Einkaufs- und Verkaufspreis einer Ware. Die Handelsspanne wird so bemessen, dass neben der Gewinnerzielung auch sämtliche Kosten des Handelsbetriebes abgedeckt sind. Sie wird in der Regel in Prozent des Verkaufspreises ausgedrückt.

Handelsreisender

Handlungsgehilfe, der Geschäfte außerhalb des Unternehmens, aber im Namen seiner Firma abschließt. Im Unterschied zum Handelsvertreter ist der Handelsreisende nicht selbstständig. Er kann weder seine Tätigkeit noch seine Arbeitszeit frei gestalten.

Handelsvertreter

Selbstständiger Gewerbetreibender, der auf fremde Rechnung und in fremdem Namen gegen Provision Geschäfte vermittelt oder abschließt und der im Unterschied zum Handelsmakler in einem dauerhaften Vertragsverhältnis zu seinem Auftraggeber steht.

Kaufkraft

Geldbetrag, über den eine Person während eines bestimmten Zeitraums verfügen kann. Die Kaufkraft ergibt sich aus dem Einkommen zuzüglich der Kreditaufnahme, abzüglich der Kreditrückzahlungen. Unter der Kaufkraft des Geldes wird die Gütermenge verstanden, die man mit einem bestimmten Geldbetrag kaufen kann. Sie ist eng mit der Preisentwicklung verbunden.

Käufermarkt

Liegt ein Überangebot an Waren vor oder herrscht zwischen den Anbietern starke Konkurrenz, so sind die Käufer gegenüber den Anbietern in der besseren Marktposition und können ihre Interessen, zum Beispiel Preisnachlässe, durchsetzen. In dieser Situation spricht man allgemein von einem Käufer-markt. Gegensatz dazu ist der Verkäufermarkt.

Kommissionär

Der Kommissionär kauft oder verkauft gewerbsmäßig Waren im eigenen Namen. Er ist selbstständiger Kaufmann mit Abschlussvollmacht. Als Gegenleistung erhält er eine

Provision. Im Gegensatz zum Handel hat der Kommissionär das Recht, nicht verkaufte Ware an den Lieferanten zurückzugeben.

Kommunikationspolitik

Wichtiges Mittel der Absatzpolitik eines Unternehmens, das der gezielten Beeinflussung von Kunden und der Öffentlichkeit dient. Zu den wichtigsten kommunikationspolitischen Maßnahmen zählen die Werbung, das Sponsoring, das Product Placement, das Direktmarketing, die Öffentlichkeitsarbeit und die Verkaufsförderung.

Konditionen

Bereich der Absatzpolitik, bei dem es vor allem um die vertraglichen Regelungen von Lieferungs- und Zahlungsbedingungen sowie Rabatten geht.

Kundendienst

Service, den die Hersteller oder Händler ihren Kunden bieten, um diese an ihr Unternehmen beziehungsweise Geschäft zu binden, um so das eigene Image zu pflegen. Neben dem technischen Kundendienst kann der Kundendienst auch Beratung, ein Umtauschrecht oder die Lieferung und Abholung der Waren umfassen.

Lieferbedingungen

Lieferbedingungen sind die in einem Angebot oder einem Kaufvertrag enthaltenen Konditionen zur Lieferung einer Ware. Sie können unter anderem Klauseln zum Liefertermin, zu den Transport-, Verpackungs- und Versicherungskosten, zum Erfüllungsort sowie zu Umtausch- und Rückgabemöglich-

keiten enthalten. Ein fester Bestandteil jedes Kaufvertrages sind neben den Lieferbedingungen auch die Zahlungsbedingungen.

Lockvogelangebot

Werbung, bei der Waren besonders preisgünstig angeboten werden, die jedoch entweder gar nicht oder nur in sehr kleinen Mengen vorrätig sind. Durch das Lockvogelangebot sollen Kunden angelockt und auf die teuren vorhandenen Waren verwiesen werden. Da Lockvogelangebote den irreführenden Eindruck einer günstigen Preisgestaltung erwecken, sind sie als unlauterer Wettbewerb verboten.

Marke

Als Marke werden Kennzeichen von Waren und Dienstleistungen verstanden, die sich als Produkte eines bestimmten Unternehmens unverwechselbar kenntlich machen und eindeutig von Produkten anderer Unternehmen abgrenzen. Marken können Namen sein, deren grafische Gestaltung oftmals Signalwirkung hat, aber auch Symbole oder Hörzeichen. In der Regel setzt sich eine Marke aus mehreren Kennzeichen zusammen. Eine Marke kann beim Deutschen Patent- und Markenamt eingetragen werden und damit auf nationaler Ebene für zehn Jahre geschützt werden, wobei Verlängerungen möglich sind.

Markenartikel

Waren, die den Hersteller- oder einen spezifischen Produktnamen tragen und durch gleich bleibende Qualität, hohen Bekanntheitsgrad und große Verbreitung gekennzeichnet sind.

Markenzeichen

Markenzeichen sind Schutzmarken, die geeignet sind, Waren und Dienstleistungen eines Unternehmens von denen anderer Unternehmen zu unterscheiden. Als Kennzeichen können nicht nur Worte, Buchstaben, Zahlen oder Abbildungen geschützt werden, sondern auch Hörzeichen, dreidimensionale Gestaltungen und sonstige Aufmachungen.

Die Anmeldung der Marke erfolgt beim Deutschen Patent- und Markenamt. Durch die Eintragung in das Markenregister ist die Marke geschützt. Der Markenschutz gewährt dem Anmelder das alleinige Recht, Waren, Verpackung, Geschäftsbriefe und anderes mit dem Markenzeichen zu versehen. Die Schutzdauer beträgt zehn Jahre und kann um weitere zehn Jahre verlängert werden.

Marketing-Mix

Marketing-Mix ist die ausgewählte Kombination der absatzpolitischen Instrumente, die auf die einzelnen Marktsegmente und Produkte des Unternehmens ausgerichtet sind.

Marktanteil

Menge der abgesetzten Güter eines Unternehmens im Verhältnis zum Absatz aller Konkurrenzunternehmen auf einem Markt. Der Marktanteil ist Indikator für den Unternehmenserfolg. Überschreitet er einen gewissen Umfang, so wird von einer marktbeherrschenden Stellung des Unternehmens gesprochen.

Marktforschung

Systematische Analyse von Märkten und Teilmärkten mit Hilfe wissenschaftlicher Methoden. Dabei handelt es sich um das systematische Beschaffen und Verarbeiten von Informationen mit Hilfe wissenschaftlicher Methoden. Bei der Marktforschung werden unternehmensinterne (Buchhaltung, Verkaufsberichte) und unternehmensexterne (Statistiken, Fachzeitschriften, Messebesuche, Mediaberichte) Daten beschafft.

Marktprognose

Bei der Marktprognose handelt es sich um eine Vorhersage zur Marktentwicklung auf der Grundlage gesammelter Daten der Markterkundung beziehungsweise der Marktforschung. Die Marktprognose unterstützt die Entscheidung über absatzpolitische Aktivitäten des Unternehmens.

Marktsegmentierung

Der Unternehmer teilt seinen Absatzmarkt in einzelne unterschiedliche Teilmärkte auf, mit dem Ziel, für jedes Segment die geeigneten absatzpolitischen Instrumente festzulegen. Die Segmentierung erfolgt nach geeigneten Kriterien, zum Beispiel Geschlecht, Alter, Einkommen, Ausbildung, Wohnort, Interessen.

Nachfrage

Bereitschaft zum Güterkauf. Die Nachfrage wird nicht nur durch die Bedürfnisse des Nachfragenden sondern wesentlich durch seine Kaufkraft bestimmt. Sind die Preise niedrig, so erhöht sich die Kaufkraft und damit in der Regel die Nachfrage; hohe Preise hingegen führen zu einem Kaufkraftverlust und zumeist zum Rückgang der Nachfrage. Die Beziehung zwischen Güterpreis und Nachfragemenge bezeichnet man allgemein als Nachfragefunktion. Gefragt wird danach, welche Gütermenge bei verschiedenen Preisen von den Konsumenten nachgefragt wird. Da die Nachfrager bestrebt sind, ein Produkt möglichst billig einzukaufen, wird in der Regel die Nachfrage zurückgehen, wenn der Preis des Gutes steigt, und zunehmen, wenn es günstiger angeboten wird.

Nutzen

Maßstab für den Grad an Bedürfnisbefriedigung, der aus dem Verbrauch eines Gutes erwächst. In der Regel wird davon ausgegangen, dass der Nutzen mit zunehmendem Konsum eines Gutes abnimmt. Der Nutzen eines Gutes ist nicht direkt erfassbar, sondern nur in seinem Verhältnis zum Nutzen eines anderen Gutes messbar.

Panel

Methode der Marktforschung, die ausgewählte Personen über einen längeren Zeitraum über bestimmte Sachverhalte wiederholt befragt beziehungsweise beobachtet.

Präferenz

Vorliebe eines Kunden für ein bestimmtes Produkt, das er gegenüber anderen Produkten der gleichen Art bevorzugt. Gelingt es einem Unternehmen, sich bei den Kunden Präferenzen zu verschaffen, so gewinnt es Marktvorteile gegenüber Konkurrenten, die gleichartige Produkte anbieten.

Preis

In Geld ausgedrückter Tauschwert von Waren und Dienstleistungen. Damit Preise entstehen können, muss eine Tauschbereitschaft der Wirtschaftsteilnehmer vorhanden sein, das heißt, es muss ein Bedarf nach dem Gut bestehen und sein Angebot knapp sein. In der Marktwirtschaft bildet sich der Preis durch den Ausgleich von Angebot und Nachfrage auf Märkten. Er dient als zentrales Steuerungsinstrument der Marktwirtschaft, da die Preishöhe nicht nur von Angebot und Nachfrage bestimmt wird, sondern selbst wiederum die Höhe von Angebot und Nachfrage beeinflusst.

Preisbindung

Verpflichtung des Handels und anderer Wiederverkäufer, die vom Hersteller bezogenen Waren und Dienstleistungen zu einem von ihm festgesetzten Preis zu verkaufen. In der BRD ist die Preisbindung seit 1974 mit einigen Ausnahmen (zum Beispiel Bücher) verboten. Erlaubt ist jedoch die unverbindliche Preisempfehlung des Herstellers, die jedoch keine bindende Wirkung für die Wiederverkäufer besitzt.

Preisdifferenzierung

Sie liegt dann vor, wenn dieselben Waren und Dienstleistungen zu unterschiedlichen Preisen verkauft werden. Dabei werden unterschiedliche Arten von Preisdifferenzierung unterschieden: Güter werden in verschiedenen Regionen oder im In- und Ausland zu unterschiedlichen Preisen abgesetzt (räumlich), Preise werden für unterschiedliche Einkaufsmengen über Mengenrabatte gestaffelt (mengenmäßig), unterschiedlichen Personengruppen werden unterschiedliche Preise zugeordnet (personenbezogen) und Güter werden zu verschiedenen Zeiten zu unterschiedlichen Preisen angeboten (zeitbezogen).

Preispolitik

Zentrales absatzpolitisches Instrument eines Unternehmens. Die Preispolitik umfasst alle Maßnahmen zur Gestaltung der Preise für die erstellten Waren und Dienstleistungen mit dem Ziel, über eine optimale Kombination von Preis und Absatzmenge die betriebliche Gewinnspanne zu steigern. Die Preispolitik muss immer im Zusammenhang mit anderen Faktoren gesehen werden: betriebliche Kostenstruktur, Marktform und Konkurrenzverhältnisse, Reaktion der Nachfrager, betriebliche Kapazitätsauslastung, Sortimentsstruktur sowie rechtliche Rahmenbedingungen. Mittel der betrieblichen Preispolitik sind unter anderem die Preisbestimmung, die Preisdifferenzierung sowie Preisnachlässe und Sonder- und Angebotspreise. Ferner gehören auch die fortlaufende Preisbeobachtung sowie die Anpassung der Preise an veränderte Markt- und Absatzbedingungen zur Preispolitik.

Primärforschung

Bei der Primärforschung werden neue, bisher noch nicht erhobene Marktdaten ermittelt. Diese Datengewinnung kann durch eine Vollerhebung oder Teilerhebung erfolgen.

Produkthaftung

Verpflichtung eines Herstellers, für Personen- oder Sachschäden einzustehen, die durch fehlerhafte Produkte verursacht werden, unabhängig davon, ob ein Verschulden seinerseits vorliegt oder nicht. Rechtsgrundlage ist das Produkthaftungsgesetz (ProHaftG).

Produktinnovation

Aufnahme neuer Produkte in das Unternehmensangebot. Die Produkte können selbst oder von anderen erfunden und entwickelt worden sein. Die Produktinnovation ist ein Teilbereich der betrieblichen Produktpolitik.

Product Placement

Form der Werbung, bei der ein Markenprodukt in die Handlung einer Fernsehsendung oder eines Spielfilms integriert wird, ohne dass der Werbecharakter offenkundig ist. Die Marke wird dabei gut sichtbar und in einem zum Image der Marke passenden Zusammenhang von einer Identifikationsfigur benutzt.

Produktlebenszyklus

Jedes Produkt durchläuft von der Markteinführung bis zum Marktaustritt bestimmte Phasen. Diese Phasen sind auf allen Märkten in ihren Abläufen ähnlich gelagert. Für die Unternehmen ergeben sich aus den immer kürzer werdenden Zykluszeiten eine Reihe von Problemen, die zukünftig durch qualitativ anspruchsvolles Marketing, insbesondere durch die Instrumente Marktuntersuchung, Werbung, Verkaufsförderung, Sortiments-

und Produktgestaltung, Preis- und Distributionspolitik, aufgefangen werden müssen.

Produktpolitik

Die Produktpolitik gehört zu den absatzpolitischen Instrumenten eines Unternehmens. Eine der Hauptaufgaben ist die Entwicklung neuer Produkte, die Produkte einschließlich ihrer Verpackung zu gestalten, die betriebliche Produktpalette über die Produktdifferenzierung und Produktdiversifikation zu erweitern, bestehende Produkte entsprechend den Markterfordernissen zu variieren sowie nicht mehr marktgängige Produkte aus dem Angebot zu nehmen. Ferner werden im Rahmen der Produktpolitik Entscheidungen über Art und Umfang aller vom Unternehmen angebotenen Produkte getroffen.

Produktvariation

Im Laufe der Zeit vorgenommene Veränderungen an einem bereits vorhandenen Produkt durch technische oder ästhetische Umgestaltung oder eine Neuausrichtung des Image, um sich veränderten Käuferinteressen anzupassen.

Public Relations

Öffentlichkeitsarbeit von Unternehmen, Verbänden oder auch Behörden, mit dem Ziel, ihren Bekanntheitsgrad zu erhöhen und durch die Bildung eines positiven Images Interesse an dem Unternehmen und dessen Produkt beziehungsweise Dienstleistung zu wecken und Vertrauen zu entwickeln. Mittel hierfür sind unter anderem Presse-, Rundfunk- und Fernsehinformationen, selbst erstellte Broschüren und Geschäftsberichte, Betriebsbesichtigungen und öffentliche Veranstaltungen.

Sortiment

Warenauswahl, die der Groß- und Einzelhandel seinen Kunden anbietet. Ein breites Sortiment beinhaltet viele verschiedene Produktarten, wie sie zum Beispiel in Warenhäusern zu finden sind. Ein enges Sortiment ist dagegen nur durch wenige Produktarten gekennzeichnet. Werden von einer Produktart verschiedene Varianten angeboten, die sich im Aussehen und Material, in der Qualität, Preisklasse oder Ausführung unterscheiden, so spricht man von einem tiefen Sortiment. In der Regel weisen Fachgeschäfte ein tiefes Sortiment auf, während Gemischtwarengeschäfte durch ein eher flaches Sortiment gekennzeichnet sind. Als Kernsortiment wird der Bestand an Waren bezeichnet, auf den sich Fachgeschäfte spezialisiert haben und mit dem sie den größten Teil ihres Umsatzes erzielen. Werden über das Kernsortiment hinaus noch andere Warengruppen geführt, so werden diese als Randsortiment bezeichnet.

Sortimentspolitik

Unter Sortimentspolitik werden alle Maßnahmen und Entscheidungen verstanden, mit denen Handelsunternehmen ihre Warenauswahl gestalten. Im Vordergrund stehen dabei Fragen, welche Waren und Warengruppen in welchem Umfang angeboten werden sollen, um einen größtmöglichen Gewinn erzielen zu können. Zur Sortimentspolitik gehören insbesondere die Entscheidung über die Sortimentsbildung sowie eventuelle Sortimentsanpassungen. Diese können über eine

Sortimentserweiterung oder über eine Sortimentsbereinigung erfolgen.

Sponsoring

Finanzielle Förderung von kulturellen, sozialen und sportlichen Ereignissen sowie von Personen und Einrichtungen durch ein Unternehmen, dessen Namen als Gegenleistung im Zusammenhang mit dem geförderten Projekt genannt wird. Das Sponsoring ist Teil der werbewirksamen Aktivitäten eines Unternehmens und dient der Imagepflege.

Unlauterer Wettbewerb

Darunter versteht man den Einsatz unerlaubter Mittel gegenüber konkurrierenden Unternehmen mit dem Ziel, diese zu behindern oder zu verdrängen. Nach der Generalklausel des Gesetzes gegen unlauteren Wettbewerb ist jedes Konkurrenzverhalten rechtswidrig, das gegen die guten Sitten verstößt. Dazu zählen unter anderem irreführende Werbung, Absatz- und Wettbewerbsbehinderungen, die Ausbeutung fremder Leistungen, Rechtsbruch und systematische Preisunterbietung, Bestechungs- und Schmiergelder, Anschwärzung von Konkurrenten sowie bestimmte Formen des Sonderverkaufs. Unlauterer Wettbewerb kann mit Geld- oder, bei sehr gravierenden Fällen, mit Haftstrafe belegt werden.

Vergleichende Werbung

Werbung, bei der das angepriesene Produkt mit dem konkurrierender Untenehmen verglichen und als das bessere dargestellt wird. Die vergleichende Werbung ist nicht grundsätzlich als unlauterer Wettbewerb verboten, sondern unter bestimmten Voraussetzungen erlaubt.

Verkäufermarkt

Markt, bei dem die Nachfrage das Angebot übersteigt, sodass für den Verkäufer ein problemloser Absatz möglich ist. Der Verkäufer beherrscht den Markt und kann in einem bestimmten Umfang die Verkaufsbedingungen, insbesondere die Höhe der Preise bestimmen.

Verkaufsförderung

Ziel der Verkaufsförderung ist es, das Produkt beziehungsweise die Dienstleistung an den Kunden zu bringen. Hier unterscheidet sich die Verkaufsförderung von der Werbung, deren Aufgabe es ist, den Kunden zum Kauf zu motivieren.

Die Zielgruppen der Verkaufsförderung sind die eigene Verkaufsorganisation, der Handel, Absatzmittler (Handelsvertreter, Kommissionäre, Handelsmakler) und natürlich die Endabnehmer.

Im Wesentlichen gehören zu den Verkaufsförderungsmaßnahmen: verkaufswirksame Warenplatzierung der eigenen Produkte bei Einzelhändlern, Einsatz von Display-Materialien und Werbung am Ort des Verkaufs durch optisch wirksame Aufstellung der Ware in Verbindung mit bereitgestellten Werbematerialien. Darüber hinaus auch das Verkäufertraining, Verkaufswettbewerbe und Bereitstellung von Verkaufspropagandisten.

Vertrieb

Unternehmensbereich, der für den Absatz der erstellten Waren und Dienstleistungen zuständig ist. Zu den Aufgaben des Vertriebs zählen insbesondere die Verkaufsorganisation und Verkaufsabwicklung, die Wahl der Vertriebswege, der Transport, die Kundenberatung und der Kundendienst sowie die Gestaltung der Geschäftsbeziehungen zum Handel. Die den Vertrieb betreffenden Entscheidungen werden im Rahmen der Distributionspolitik gefällt.

Werbeerfolgskontrolle

Die Werbeerfolgskontrolle dient dazu, die Wirtschaftlichkeit der gesamten oder einzelnen Werbemaßnahmen zu überwachen. Dabei ergibt sich die Schwierigkeit, ihre Erfolgswirkungen von denen anderer Absatzbemühungen zu isolieren.

Werbemittel

Werbemittel sind „verkörperte" Werbebotschaften. Zu den Werbemitteln zählen: Anzeigen, Werbespots, Flugblätter, Prospekte, Warenproben, Beilagen, Schaufensterwerbung, Werbefilme, Preisausschreiben.

Werbeträger

Werbeträger sind die personellen und stofflichen Streumittel, die eine Botschaft an die Zielgruppe herantragen. Zu den Werbeträgern zählen: Zeitungen, Zeitschriften, Fernseher, Adressbücher, Litfaßsäulen, Hörfunk, Verkehrsmittel.

Zahlungsbedingungen

Zwischen einem Gläubiger und einem Schuldner getroffene Vereinbarungen über den Zahlungsort, den Zahlungszeitpunkt und die Zahlungsweise einer Schuld. Auch die Gewährung von Skonti oder Rabatten wird zu den Zahlungsbedingungen gerechnet. Wurden keine Abmachungen über die Zahlungsbedingungen getroffen, so ist der geschuldete Betrag bei einem Kaufvertrag sofort nach der Übergabe der Ware zu zahlen.

10. Checkliste: Ihr eigenes Marketingkonzept

Was ist Ihre marktbezogene Zielsetzung für die nächsten Jahre?

Welche Leistungen wollen Sie anbieten? Welche Produkte wollen Sie verkaufen?
(Detaillierter Überblick)

An welche Zielgruppe wollen Sie Ihre Leistungen verkaufen?
(Alle Gruppen der Endverbraucher oder Unternehmen)

Welche Kundenkontakte haben Sie bereits?

_____

_____

_____

_____

_____

_____

Welchen Kundennutzen bieten Sie Ihrer Zielgruppe?
(Erläutern Sie die Vorteile Ihres Angebotes und den daraus abgeleiteten Nutzen für den
potenziellen Kunden)

_____

_____

_____

_____

_____

_____

Wer sind Ihre Konkurrenten und wo befinden sie sich?

_____

_____

_____

_____

_____

_____

Welche Stärken haben Sie im Verhältnis zu Ihren Konkurrenten?

Welche Schwächen haben Sie im Verhältnis zu Ihren Konkurrenten?

Wie wird sich die Konkurrenzsituation in den nächsten Jahren entwickeln?
(Im Zeitraum von fünf Jahren)

Welches sind Ihre Alleinstellungsmerkmale gegenüber der Konkurrenz?

(Produkt, Dienstleistung, Preis, Serviceleistungen)

_____

_____

_____

_____

_____

_____

Was macht die Attraktivität Ihres Angebotes für Ihre Zielgruppe aus?

(Warum soll der potenzielle Kunde Ihr Angebot in Anspruch nehmen?)

_____

_____

_____

_____

_____

_____

Wie sieht der Entwurf Ihres Marketingkonzeptes aus und welche absatzpolitischen Instrumente setzen Sie ein?

(Konzept umfassend und detailliert herausarbeiten!)

_____

_____

_____

_____

_____

_____

Welche Mittel setzen Sie ein, um Kunden zu gewinnen?
(Zeitung, Zeitschriften, Werbebrief, Prospekte, Kataloge, Telefon, Internet, Messe –
Beschreiben Sie diese detailliert!)

_____

_____

_____

_____

_____

_____

Welches Werbekonzept haben Sie entwickelt?
(Genaues Herausarbeiten der einzelnen Maßnahmen für die jeweilige Zielgruppe)

_____

_____

_____

_____

_____

_____

Welches einheitliche Unternehmensbild haben Sie entworfen?
(Zum Beispiel Briefpapier, Visitenkarten, Fahrzeugbeschriftung, Anzeigen, Firmensignet)

_____

_____

_____

_____

_____

_____

Welche PR-Maßnahmen haben Sie geplant?
(Zum Beispiel Zusammenarbeit mit Vereinen, Verbänden, Imagewerbung)

_____

_____

_____

_____

_____

Zusammenfassung Ihrer Marketingplanung (Stärken-/Schwächenprofil)

Stärkenprofil:

_____

_____

_____

_____

_____

_____

Schwächenprofil:

_____

_____

_____

_____

_____

_____

Weiterführende Informationen

Wichtige Internetadressen

▨ Bundesministerium für Wirtschaft und
Technologie (BMWi)
www.aus-fehlern-lernen.de
www.smaba.de
www.bmwa.bund.de
www.bmwa.bund.de/softwarepaket
www.gruenderleitfaden.de
www.ixpos.de
www.existenzgruender.de

▨ Bundesverband Deutscher Unternehmensberater (BDU) e. V.
Internet: www.bdu.de

▨ Vereinigung beratender Betriebs- und
Volkswirte e. V.
Internet: www.vbv.de

▨ Bundesverband Junger Unternehmer der
ASU e. V.
Internet: www.bju.de

▨ Business-Angels-Netzwerk Deutschland
e. V. (BAND)
Internet: www.business-angels.de

▨ Deutscher Industrie- und Handelskam-
mertag (DIHK)
Internet: www.dihk.de

▨ Zentralverband des Deutschen Hand-
werks (ZDH)
Internet: www.zdh.de

▨ Bundesverband der Freien Berufe
Internet: www.freie-berufe.de

▨ Alt hilft Jung e. V.
Internet: www.althilftjung.de

▨ Statistisches Bundesamt Deutschland
Internet: www.destatis.de

▨ Genios Wirtschaftsdatenbank
Internet: www.genios.de

▨ Deutsches Gründerinnen Forum
Internet: www.zfw.de

▨ Experten beraten Newcomerinnen
Internet: www.expertinnen-beratungsnetz.de

▨ KfW Mittelstandsbank
Internet: www.kfw-mittelstandsbank.de

▨ Initiative Unternehmensnachfolge
Internet: www.nexxt.org

▨ StartUp-Wettbewerb
Internet: www.start-up.de

Literaturhinweise

Borowski, M.
Verkaufsförderung
Cornelsen

Bruhn, M./Michalski, S.
Marketing als Managementprozess
Versus

Clausen, E.
Messemarketing
BusinessVillage

Ehlert, R.; Meyer, A.
Telefonmarketing-Kampagnen
BusinessVillage

Ergezinger, R./Thommen, J.-P.
Marketing
Versus

Häusel, H.-G.
Brains Script: Warum Kunden kaufen
Haufe

Herndl, K.
Auf dem Weg zum Profi im Verkauf
Gabler

Klein, H.-M.
Kundenorientiert telefonieren
Cornelsen

Kotler, P.
Philip Kotlers Marketing-Guide
Campus

Künzel, H. (Hrsg.)
Handbuch Kundenzufriedenheit
Springer

Ätzmann, J.
Instant Marketing
Gabal

Pfaff, D.
Praxishandbuch Marketing
Campus

Nickel, S.
Desk Research
Cornelsen

Pengg, H.
Marktchancen erkennen
Haupt

Ratzkowski, J.
Keine Angst vor der Akquise
Hanser

Schäfer, S.
Event-Marketing
Cornelsen

Schüller, A. M.
Erfolgreich verhandeln – erfolgreich
verkaufen
BusinessVillage

Töpfer, A. (Hrsg.)
Kundenmanagement
Springer

Zander, W.

BusinessVillage – Update your Knowledge!

Persönlicher Erfolg

559 Projektmanagement kompakt, Thomas Lerner
591 Bessere Geschäftsbeziehungen,
    Marzella Arndt; Peter Arndt
604 Die Magie der Effektivität, Stéphane Etrillard
620 Zeitmanagement, Annette Geiger
624 Gesprächsrhetorik, Stéphane Etrillard
631 Alternatives Denken, Albert Metzler
661 Allein erfolgreich – Die Einzelkämpfermarke, Giso Weyand

Präsentieren und konzipieren

579 Kreativität in Meeting und Team, Kerstin Meier
590 **Konzepte ausarbeiten – schnell und effektiv,
    Sonja Klug***
600 Mind Mapping, Sabine Schmelzer
632 Texte schreiben – einfach, klar, verständlich,
    Günther Zimmermann
635 Schwierige Briefe perfekt schreiben, Michael Brückner
625 Speak Limbic – Wirkungsvoll präsentieren,
    Anita Hermann-Ruess

Richtig führen

555 Richtig führen ist einfach, Mathias K. Hettl
588 Zukunftstrend Mitarbeiterloyalität, Anne M. Schüller
614 Mitarbeitergespräche richtig führen,
    Annelies Helff; Miriam Gross
616 Plötzlich Führungskraft, Christiane Drühe-Wienholt
629 Erfolgreich Führen durch gelungene Kommunikation,
    Stéphane Etrillard; Doris Marx-Ruhland
643 Führen mit Coaching, Ruth Hellmich

Vertrieb und Verkaufen

479 Messemarketing, Elke Clausen
543 Verkaufen für Techniker, Tim Cole
561 Erfolgreich verkaufen an anspruchsvolle Kunden,
    Stéphane Etrillard
562 Vertriebsmotivation und Vertriebssteuerung,
    Stéphane Etrillard
587 **Zukunftstrend Empfehlungsmarketing*,
    Anne M. Schüller**
605 **Fit für die Neukundengewinnung*, Rolf Leicher**
618 Events und Veranstaltungen professionell managen,
    Melanie Dressler
619 **Erfolgreich verhandeln, erfolgreich verkaufen*,
    Anne M. Schüller**
647 Erfolgsfaktor Eventmarketing, Melanie Dressler
668 Mystery Shopping, Ralf Deckers; Gerd Heinemann

Kundenbindung

476 Beschwerdemanagement, Klaus Erlbeck
567 **Zukunftstrend Kundenloyalität*, Anne M. Schüller**
570 Couponing in der Praxis, Sebastian Dierks; Dirk Ploss
573 Kundenwert durch Kundenbindung in der Praxis,
    Kolja Wehleit; Arno Bublitz
577 CRM erfolgreich einsetzen, Prof. Dr. Heinrich Holland

Direkt-Marketing

546 Telefonmarketing, Robert Ehlert, Annemike Meyer
563 Telefonmarketing-Kampagnen, Markus Grutzeck
586 Adress- und Kundendatenbanken für das Direktmarketing,
    Carsten Kraus

PR und Kommunikation

468 Wie Profis Sponsoren gewinnen!, Roland Bischof
478 Kundenzeitschriften, Thomas Schmitz
557 Krisen PR – Alles eine Frage der Taktik, Frank Wilmes
569 **Professionelle Pressearbeit*, Annemike Meyer**
595 Interne Kommunikation. Schnell und effektiv,
    Caroline Niederhaus
653 Public Relations, Hajo Neu, Jochen Breitwieser

Online-Marketing

361 **Effizientes Suchmaschinen-Marketing*, Thomas Kaiser**
506 Besser texten, mehr verkaufen auf Corporate Websites,
    Stefan Heijnk
585 Erfolgreiche Online-Werbung,
    Marius Dannenberg; Frank H. Wildschütz
642 Performance Marketing,
    Thomas Eisinger; Lars Rabe; Wolfgang Thomas (Hrsg.)

Werbung

500 Leitfaden Ambient Media, Kolja Wehleit
549 Produktivfaktor BRIEFING, Mike Barowski
576 Plakat- und Verkehrsmittelwerbung, Sybille Anspach
584 Perfekt texten, Detlef Krause

Marketing-Strategien

454 Professionelle Preisfindung, Georg Wübker
533 Corporate Identity ganzheitlich gestalten, Volker Spielvogel
574 Marktsegmentierung in der Praxis,
    Jens Böcker; Katja Butt; Werner Ziemen
603 Die Kunst der Markenführung, Carsten Busch

Zielgruppenmarketing

566 Seniorenmarketing,
    Hanne Meyer-Hentschel; Gundolf Meyer-Hentschel
571 Generation 40+ Marketing, Elke Verheugen

Gründen und Finanzen

622 **Die Bank als Gegner,
    E. A. Bach; V. Friedhoff; U. Qualmann**
634 Forderungen erfolgreich eintreiben, Christine Kaiser
656 Praxis der Existenzgründung –
    Erfolgsfaktoren für den Start, Werner Lippert
657 Praxis der Existenzgründung –
    Marketing mit kleinem Budget, Werner Lippert
658 Praxis der Existenzgründung –
    Die Finanzen im Griff, Werner Lippert

* BusinessVillage Bestseller

Faxen Sie dieses Blatt an:
+49 (5 51) 20 99-105

Oder senden Sie Ihre Bestellung an:
BusinessVillage GmbH
Reinhäuser Landstraße 22, 37083 Göttingen
Tel. +49 (5 51) 20 99-100
info@businessvillage.de

BusinessVillage

Ja, ich bestelle:

☐ Exemplar(e)   ☐ Exemplar(e)

Speak Limbic –
Wirkungsvoll präsentieren

Präsentieren bedeutet Ziele erreichen! Einfach den Auftrag bekommen, Forderungen durchsetzen, Wissen vermitteln, andere von eigenen Ideen überzeugen, als Mensch kompetent und sympathisch ankommen. Dieser Leitfaden begleitet Sie wie ein Rhetorik-Coach vom Tag des Präsentations-Auftrags bis zum Applaus der Teilnehmer Schritt für Schritt mit Fragen, Tests, Katalogen für Argumente und Überzeugungsmitteln.

Art.-Nr. 625
21,80 € • 22,50 € [A] • 35,90 CHF

Mordsbetrieb –
Der etwas andere Personalabbau

Ritterliche Gefühle, skurrile Charaktere und eine Spanplattenfabrik in Uetze an der Fuhse, deren wichtige Würdenträger vorzeitig aus Unternehmen und Leben scheiden – das ist der Mordsbetrieb. Hier lebt und liebt Lothar Keller. Im Betrieb ist er die Niete vom Dienst, im nächtlichen Computerspiel jedoch Sir Lancelot. Der Ritter in der glänzenden Rüstung räumt in dem Chaos auf – und das nicht nur in seiner virtuellen Welt.

Art.-Nr. 644
12,80 € • 13,20 € [A] • 21,90 CHF

(Alle Praxisleitfäden der Edition PRAXIS.WISSEN kosten 21,80 € • 22,50 € [A] • 35,90 CHF)

Menge	Art.-Nr.	Titel	Einzelpreis €/CHF
1	669	>> KOSTENLOS – Erfolgsfaktoren	0,00 €

Firma

Vorname   Name

Straße   Land   PLZ   Ort

Telefon   E-Mail

Datum, Unterschrift